KB249141

교사용

예수님의 꿈아이

이 교재의 구성

이 책은 영아를 위해 기획한 교재입니다.

영아들이 하나님의 사랑과 은혜에 기쁘게 반응하는 예배자로 성장하도록 놀이 예배, 말씀 예배, 나눔 예배, 생활 예배로 구성하였습니다.

이 교재는 한 가지 주제에 맞추어 4과씩 편성되어 있고, 6개월분으로 구성되어 있습니다.

이 시리즈는 총 24개 주제로 2년 과정으로 되어 있습니다.

말씀 길잡이 : 본문의 신학적 배경 소개

놀이 예배 : 자유 선택 활동

말씀 예배 : 설교

나눔 예배 : 분반 또는 영아의 반응을 독려하는 활동

생활 예배 : 가정으로 연계하여 부모님께 권유하는 활동

아장아장 놀이 예배

말씀 주제에 맞는 다양한 놀잇감과 활동 방법을 제시하였습니다.

편안하고 친숙한 놀이 환경을 통해 영아들이 하나님께 마음을 열도록 도와줍니다.

놀이를 하며 하나님을 느끼는 경험은 아이들의 생활에서 하나님을 예배하는 밑거름이 됩니다.

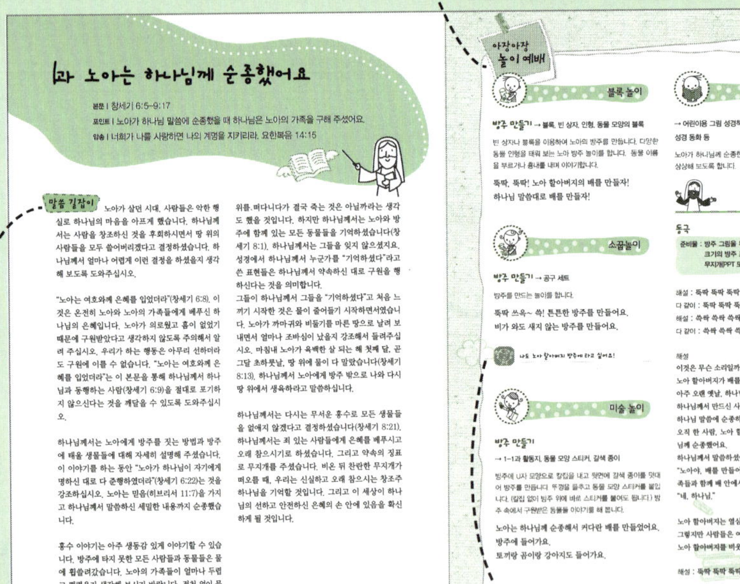

말씀 길잡이

미국 CRC(Christian Reformed Church)교단의 교회 학교 교재인 'Walk with me'의 연구 내용을 바탕으로 본문 말씀의 내용을 깊이 있게 이해하는데 도움이 되는 해설을 담았습니다. 깊이 있는 묵상은 교사 자신을 성장시킬 뿐 아니라 영아에게도 선한 영향력을 끼치게 됩니다.

영아 눈높이에 맞춘 Tip

1~3세 영아들을 이해하는데 도움이 되는 tip을 아이들의 말로 소개합니다.

하나님의 말씀을 재미있게 들어요!

설교자를 돕는 성경 이야기를 소개합니다. 하나님을 찬양하고 하나님의 말씀을 듣기를 좋아하는 영아의 특성에 따라 성경 말씀을 쉬운 언어와 효과적인 전달 매체를 통해서 전달하고 있습니다.
영아의 눈높이에 맞는 다양한 시청각 자료(그림 동화, 융판 동화, 빔 프로젝트 동화, 연극, 인형극, 동화 구연 등)를 활용하는 것이 좋습니다.

우리 반에 모여 하나님의 사랑을 나눠요!

선생님과 친구들을 만나 인사하고 예꿈 입체그림책을 읽으며 성경 말씀을 나눕니다. 주제에 맞춰 제시된 활동(음악, 게임, 신체 놀이, 역할 놀이, 구성 놀이, 감각 놀이)을 합니다. 친구와 함께 간식을 나누며 나누는 기쁨을 알아 갑니다.

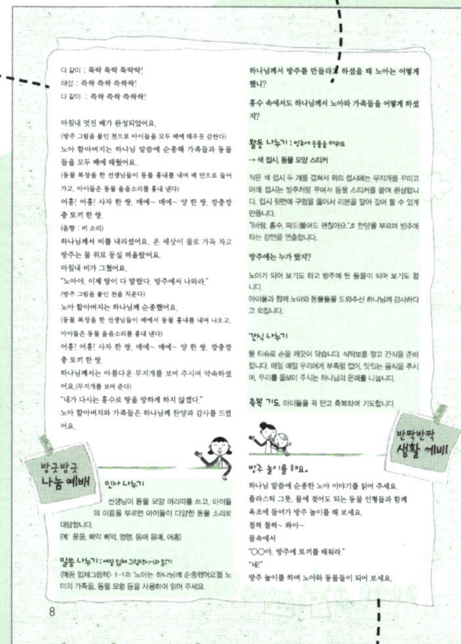

생활 속에서 하나님을 만나요!

주일 성경 말씀을 가정에서 적용할 수 있는 활동을 제시하여 부모님과 영아가 일상생활 속에서 살아 계신 하나님을 만나고 찬양하도록 돕습니다. 부모님의 신앙과 삶의 태도는 영아가 하나님을 알아 가는 과정에 커다란 영향을 미칩니다. 예꿈 입체그림책을 매일 읽어 주며 자녀를 축복하는 기도를 하도록 부모님을 격려해 주십시오.

놀이 예배 또는 나눔 예배에서 사용할 수 있는 자료입니다. 색칠하기, 만들기, 역할 놀이, 구성하기 등 다양한 활동 방법을 소개합니다.

------ 밖으로 접는 선 ···· 안으로 접는 선

3

하나님 감사해요

우리는 하나님의 가족이에요

하나님께서는 우리가 순종하기를 원하세요

1과 낮과 밤을 주셔서 감사해요

본문 | 창세기 1:1 – 5, 14–19
포인트 | 하나님께서는 낮과 밤을 창조하셨어요.
암송 | 하나님이 지으신 그 모든 것을 보시니 보시기에 심히 좋았더라. 창세기 1:31(상)

말씀 길잡이 창세기 1장은 우주에 관한 너무나도 귀중하고 풍부한 견해를 보여 주고 있어서 한 단원에서 그 모든 이야기를 다루는 것은 불가능합니다. 그러나 우리는 그중에서도 어린이들이 압도당할 만한 장엄하고, 놀랍고, 멋진 하나님의 창조물들을 뽑아내어 어린이들과 함께 나눌 것입니다. 특히 어린이들이 이 세상을 볼 때마다 우리를 사랑하는 하나님께서 주신 멋진 선물임을 깨닫고 경험해 나갈 수 있기를 바랍니다.

우리는 어린이들이
- 하나님을 찬양하고 하나님께서 만드신 놀라운 것들에 감사하기 원합니다.
- 우리를 돌보아 주시는 하나님을 믿고 신뢰하기 원합니다.
- 이 크고 아름다운 세상을 즐기기 원합니다.
- 하나님께서 주신 세상을 잘 돌보길 원합니다.

하나님께서는 하늘과 땅을 창조하셨습니다. 히브리어 '바라(barah)'는 '무에서 무엇인가를 만들다'라는 뜻입니다. 말씀으로만 세상을 창조하신 하나님이야말로 얼마나 놀라우신 분인지 생각해 보십시오. 또한 하나님께서 '토우 와 보후'('모든 것이 함께 섞여 있는 하나의 큰 혼란'이라는 뜻의 히브리어)로부터 세상을 창조하셨다는 것을 생각해 보세요(NIV 성경에서 '형태가 없고 공허하다'라고 번역한 것은 이를 많이 약화한 표현입니다). 도공이 끈끈한 찰흙 덩어리를 빚기 시작하는 것과 같이 하나님께서는 무질서한 혼란을 우리와 같은 생명체가 살 수 있는 아늑한 공간으로 바꾸셨습니다. 하나님께서는 견고하고 질서 있는 방법으로 낮과 밤, 하늘과 땅, 육지와 바다를 분리하도록 명령하셨습니다.

이 과에서 우리는 첫째 날과 넷째 날에 초점을 맞출 것입니다. 첫째 날에 하나님께서는 빛을 만드시고, 빛과 어둠을 분리하셨습니다(4절). 넷째 날에 하나님께서는 해와 달과 별들을 창조하셨습니다(14–19절).

하나님께서 세상을 처음으로 크게 나누신 것은 밤과 낮을 분리하신 것이었습니다. 어린이들에게 이 구분이 우리의 삶에 얼마나 큰 영향을 미치는지 깨달을 수 있도록 도와주십시오. 낮은 우리가 일반적으로 먹고, 일하고, 놀고, 햇빛을 즐기는 시간입니다. 밤은 우리가 일반적으로 일을 멈추고, 쉬고, 함께 시간을 보내고, 자는 때입니다.

어린이들이 하나님께서 낮과 밤을 모두 선하게 만드셨다는 것을 깨닫게 해 주십시오. 어린이들은 깜깜한 밤에 하나님께서 우리를 버리지 않을까 두려워할 필요가 없습니다. 밤과 낮의 규칙적인 연속은 그 자체로 하나님께서 우리에게 주신 귀중한 선물입니다. 그리고 이를 통해 우리는 하나님의 뜻에 맞게 우리의 삶의 패턴을 만들어 갈 수 있습니다. 우리는 하루를 시작하고 마칠 때 낮과 밤을 주신 하나님께 감사드려야 합니다.

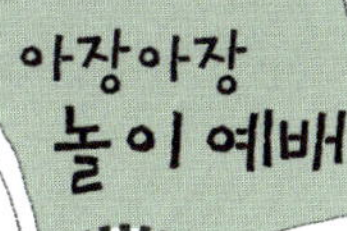

블록 놀이

낮과 밤 ⋯ 블록, 작은 블록 판

두 개의 블록 판을 준비합니다. 하나에는 '낮'을 나타내는 해님 블록을 꽂고, 다른 판에는 '밤'을 나타내는 달님 블록을 꽂습니다.

블록 중에서 해님을 찾아보세요.
해님은 무슨 색일까?
낮을 비추는 해님도 하나님께서 만드셨어요.
블록 중에서 달님을 찾아보세요.
달님은 무슨 색일까?
밤을 비추는 달님도 하나님께서 만드셨어요.

소꿉놀이

낮과 밤 ⋯ 아기 인형, 인형 침대 또는 유모차 혹은 포대기

아기 인형을 재우면서 자장가를 불러 주거나 업고 달래는 등 돌보는 놀이를 합니다.

아기는 밤이 되면 코~ 잠을 잔내요.

미술 놀이

낮과 밤에 하는 놀이

⋯ 3-1과 활동지, 검은색과 노란색 색종이, 풀

3-1과 활동지의 낮과 밤의 장면을 나타내는 그림에 검은색과 노란색 색종이를 덮개처럼 각각 붙입니다. 색종이를 열어 보며 낮과 밤에 하는 놀이에 대해 이야기합니다.

가정에서 잠을 자지 않으려고 하는 아이에게 그림을 보여 주며 이야기를 나누어도 좋습니다.

낮에는 무엇을 할까? 밤에는 무엇을 할까?

책 놀이

⋯ 어린이용 그림 성경책, 커다란 성인용 성경책, 창조 성경 이야기 등

하나님께서 낮과 밤을 창조하신 이야기를 아이의 생활과 연결하여 자세히 읽어 줍니다.

하나님께서는 세상을 만드시고 기분이 어떠셨을까?

구연동화

> 준비물 : 검은 막, 밝은 막, 해, 야광 달, 야광 별 (예배실에 설치), 손전등, 달, 별 모양의 야광스티커(영아 손등에 붙일 스티커)

(두 개의 이동식 옷걸이에 검은색 천과 흰색 천을 붙여 막을 만든다. 검은 막을 앞에, 흰 막을 뒤에 두고, 설교자는 그 뒤에 숨어 있다가 등장)

쉿! 아무것도 보이지 않아요.
나무도 없고 꽃도 없고 세상은 캄캄하기만 해요.
하나님께서 말씀하셨어요.
"빛이 생겨라!" 그러자 빛이 생겼어요.
(검은색 막에서 흰색 막을 분리)
하나님께서 빛을 만드시고 보시기에 좋다고 하셨어요.
그리고 캄캄한 어둠은 '밤', 환한 빛은 '낮'이라고 말씀하셨어요.

(검은색 막에 야광으로 만든 달과 별들을 붙인다)
하나님께서 캄캄한 밤에 친구들이 무섭지 않도록 환한 달과 반짝반짝 빛나는 별들을 만드셨어요.
조명 off (미리 설치해 둔 야광 별들이 보이도록 한다)
와우! 반짝반짝 빛나는 별들이 셀 수도 없이 많아요.
하나님께서 만드신 달과 별들이 정말 멋져요.
반짝반짝 손을 흔들어요. (영아들이 손을 흔들도록 한다)
이렇게 캄캄한 밤에는 반짝반짝 달과 별들이 빛나지요.

그런데 캄캄한 밤이 되면 친구들은 코~ 잠자야 해요. (두 손을 얼굴 옆으로 모아 잠자는 시늉)

조명 on
환한 낮이 되었어요.
하나님께서 말씀하셨어요.
(밝은 막에 해를 붙인다)
"밝은 해는 세상을 환하게 비추어라."
하나님께서 말씀하시자 그대로 되었어요.
(손전등을 밝은 막 뒤에서 비춘다)
아무것도 없는 세상에 낮과 밤을 만드신 하나님께서 말씀 하셨어요.
"보기에 좋구나!"
낮에는 친구들이 교회에도 오고 놀이터에도 갈 수 있어 서 정말 좋아요.

하나님께서는 친구들을 사랑하셔서 아무것도 볼 수 없는 세상을 환하게 볼 수 있도록 낮과 밤을 만드신 거예요.
우리에게 낮과 밤을 주신 하나님, 감사해요.

인사 나누기

샬롬 샬롬~
검지를 세우고 흔들며 인사합니다. 낮에도 밤에도 우리를 지켜 주시는 하나님께 감사하며 선생님과 친구들과 반갑게 인사합니다.

말씀 나누기 : 〈예꿈 입체그림책〉 3-1과 읽기

〈예꿈 입체그림책〉 3-1과 '낮과 밤을 주셔서 감사해요'를 읽어 주세요. 특별히 하나님의 명령을 나타내는 부분은 목소리에 힘을 주어서 읽어 줍니다.

누가 낮을 만드셨나요?
누가 밤을 만드셨나요?
낮이 좋아요? 밤이 좋아요?

활동 나누기 : 낮과 밤 모빌 만들기

┈▶ 색 접시(검은색, 노란색), 야광 스티커(별, 달, 해), 리본 끈

검은색 접시와 노란색 접시를 맞대어 붙입니다. 검은색 접시에는 야광 스티커(별과 달)를 붙입니다. 노란색 접시에는 해 스티커를 붙입니다. 색 접시에 구멍을 내어 리본 끈을 묶습니다. 모빌을 흔들며 낮에는 빛나는 해를 주시고 밤에는 반짝이는 달과 별을 주신 하나님께 감사합니다.

간식 나누기

물티슈로 손을 깨끗이 닦고 식탁보를 깐 뒤, 간식을 준비합니다. 별, 달, 해 모양의 쿠키를 준비합니다.
간식을 먹으며 낮에는 빛나는 해를 주시고 밤에는 반짝이는 달과 별을 주셔서 우리를 돌보아 주시는 하나님께 감사하며 은혜를 나눕니다.

축복 기도 아이들을 꼭 안고 낮과 밤 동안 건강하고 기쁘게 생활할 수 있도록 축복하며 기도합니다.

아침과 밤에 드리는 기도

하루를 시작할 때와 잠자리에 들 때, 하나님의 사랑과 보호하심에 감사드리세요. 아이를 안아 주고 뽀뽀하면서 하나님의 사랑을 전해 주세요.

하나님, ○○이 일어났어요.
오늘도 ○○에게 좋은 하루를 주셔서 감사해요.
주님 사랑 안에서 재미있고 행복한 하루를 보낼 거예요.
하나님, 사랑해요. 예수님 이름으로 기도합니다. 아멘.

하나님, 이제 밤이 되어 ○○이가 잠을 자요.
하나님 사랑 안에서 ○○이가 참 재미있게 지냈어요.
오늘도 안전하게 지켜 주셔서 감사해요.
잠잘 때도, 꿈속에서도 하나님이 함께해 주세요.
사랑해요. 예수님 이름으로 기도합니다. 아멘.

3-1과. 낮과 밤을 주셔서 감사해요

⇨ 밤 활동 그림에는 검은색, 낮 활동 그림에는 노란색 색종이를 붙이고 들추어 보며 이야기 나누세요.

2과 땅과 물 그리고 식물을 주셔서 감사해요

본문 | 창세기 1:1, 9–13 **· 포인트 |** 하나님께서는 땅과 물 그리고 식물들을 창조하셨어요.
암송 | 하나님이 지으신 그 모든 것을 보시니 보시기에 심히 좋았더라. 창세기 1:31(상)

말씀 길잡이

우리는 지난 시간에 창조주이신 하나님께서 어떻게 어둠에서 빛을 분리하시고, 천체들을 하늘의 곳곳에 달아 놓으셨는지 살펴보았습니다. 이번 시간에 우리는 하나님께서 어떻게 육지와 물을 분리하시고, 땅이 상상을 초월할 만큼 여러 종류의 씨 맺는 채소와 나무, 그리고 많은 식물들을 내도록 하셨는지를 살펴볼 것입니다. 위의 두 경우의 분리는 모두 절대적인 것은 아니었습니다.

낮에도 어둠이 존재할 수 있습니다(구름).
밤에도 빛이 존재합니다(달과 별들).
물 안에도 땅이 존재합니다(섬).
땅 위에도 물이 존재합니다(비, 강, 호수).

하나님의 백성인 이스라엘 사람들은 바다를 두려워했고, 결코 바다를 좋아하지 않았던 민족이었습니다. 바다의 예측할 수 없는 위험은 이스라엘 사람들을 두렵게 만들었습니다. 그들은 육지 위에 발을 딛고 살 수 있어서 행복했습니다. 그들은 두려움에도 불구하고 하나님께서 육지뿐만 아니라 바다를 다스리는 능력도 갖추고 계시다는 것을 인정했습니다. "바다도 그의 것이라 그가 만드셨고 육지도 그의 손이 지으셨도다"(시 95:5).

하나님의 백성은 또한 매일 물을 공급받을 수 있다는 것이 얼마나 중요한 것인지 알고 있었습니다. 그들은 비든 강이든 우물이든, 모든 물은 하나님께서 주시는 매일 매일의 선물이라고 받아들였습니다. 모든 생물들은 살아남으려면 물을 필요로 합니다. 물이 없다면 우리는 모두 갈증으로 죽고 말 것입니다. 우리가 우리의 식량으로 삼는 모든 식물들과 동물들도 마찬가지입니다. 우리는 하나님께서 땅과 바다를 분리하시고, 그것이 보시기에 좋았다고 하신 하나님의 기쁜 선언에 진심으로 동의할 수밖에 없습니다!

물과 마찬가지로, 식물 또한 동물과 인간이 이 땅에서 살아가기에 필수 불가결한 요소입니다. 식물이 없다면 우리는 아무것도 먹을 것이 없습니다. 하나님께서 어떻게 식물이 스스로 새로운 개체들을 계속해서 생산해 낼 수 있도록 창조하셨는지를 주목하세요. 한번 이 땅에 창조된 식물들은 스스로 씨를 뿌리며 끝없는 번식을 시작했습니다. 하나님께서 공급해 주시는 적절한 양의 물과 햇빛 아래 생장의 기적은 너무나도 놀랍고 기쁘게 사람의 삶을 유지시켜 왔습니다. 이사야 선지자는 우리에게 이것의 진정한 근원을 가르쳐 줍니다. "네가 땅에 뿌린 종자에 주께서 비를 주사 땅에 먹을 것을 내며 곡식이 풍성하고 기름지게 할 것이며"(사 30:23).

어린이들이 식물 성장의 신비를 느끼며 기뻐하게 하시고, 어린이들에게 그것의 근원은 하나님에게서 나온 것임을 말해 주십시오. 어린이들의 마음에 믿음의 겨자씨를 심어 주면, 그 씨앗은 성령에 젖고 예수님의 빛을 받아 놀라운 믿음으로 자랄 것입니다.

블록 놀이

꽃밭 만들기 ···› 블록, 블록 판, 꽃 모양 종이

블록 판 위에 작은 블록을 높이 쌓아 꽃줄기를 만들고 그 위에 꽃 모양 종이를 블록에 끼워 꽃을 만듭니다. 여러 개 꽃을 만들어 꽃밭을 꾸며도 좋습니다.

빨간 꽃, 파란 꽃, 꽃들이 모였구나!
이런 예쁜 꽃을 만드신 분은 누구실까?

소꿉놀이

꽃 만들기 ···› 긴 화분, 배양토, 꽃씨

화분에 담겨 있는 흙의 질감을 손으로 느껴 보거나 냄새를 맡아 보는 등 흙을 탐색해 보도록 합니다. 충분히 탐색한 후 꽃씨를 심고 물을 적당히 줍니다. 어떤 꽃이 자라날지 기대해 보도록 합니다. 화분이나 흙 등 실내 상황에서 번거롭다고 생각할 수 있습니다. 그러나 인공적인 환경에 많이 노출된 아이들에게는 색다른 경험이 될 것입니다.

물도 주고 하나님이 햇볕도 주시고···, 어떤 꽃이 자라게 될까?

미술 놀이

꽃 만들기
···› 색종이, 여러 가지 색의 습자지(얇은 종이), 투명 테이프

색종이를 접어 나뭇가지를 만듭니다. 습자지를 구겨 꽃송이를 만들고 나뭇가지에 붙입니다. 분홍이나 노랑과 같은 꽃

색깔이 아닌 다른 색으로 꽃을 만들어서 다양한 창조물을 경험해 보도록 합니다.

여러 가지 다양한 색깔의 꽃들이 있구나!

책 놀이

···› 어린이용 그림 성경책, 커다란 성인용 성경책, 창조 이야기, 식물 도감 등

하나님께서 땅과 물과 식물을 창조하시는 장면을 자세히 읽어 주며 우리에게 주시는 하나님의 사랑을 느껴 보도록 합니다.

디오라마 설교

4가지 천 (검정, 파랑, 갈색, 별을 붙인 검은색 천), 디오라마(땅과 바다 모형), 책상

Tip 디오라마
디오라마는 실제 상황을 재현하기 위해 만든 축소된 입체 모형입니다. 유럽의 귀족들이 테이블 위에 인형들을 올려놓고 역사적인 전투 장면 등을 재현하기 위해 배경을 설치하고 여러 모형을 함께 내어놓았던 것에서 유래했습니다.

조명 off
(검은색 천을 책상 위에 덮으며)
아주 옛날에 사람이 살기 전에는 온 세상이 캄캄했어요. 아무것도 없었어요. 하나님께서 말씀하셨어요.
"빛이 있어라." (조명 on)

아무것도 없던 세상에 빛이 생겨났어요. 캄캄한 밤에도 무섭지 않도록 반짝반짝 별을 만드셨어요.
(별을 붙인 검은색 천을 위에 덮는다)
하나님이 보시기에 아주 좋았어요.

하나님께서 말씀하셨어요. "땅이 있어라."
(갈색 천을 넓게 펼쳐 덮는다)

하나님께서 말씀하셨어요. "물이 있어라."
(파란색 천을 갈색 천의 위쪽에 덮는다)
하나님께서 보시기에 좋으셨어요.
"하하하~ 멋진 세상이로구나!"
하나님께서 말씀하셨어요.

"물들은 한곳으로 모여라, 땅은 솟아나라."
(스티로폼과 한지로 만든 땅과 바다 모형의 디오라마를 책상 위에 올려놓는다)
하나님이 보시기에 아주 좋았어요.

하나님께서 말씀하셨어요.
"초록색 나무와 풀들아, 생겨나라."
(나뭇잎과 풀들을 디오라마 위에 꽂는다)
하나님께서 보시기에 좋았어요.

(우리에게 땅과 물, 초록색 나무를 만들어 주신 하나님께 감사한 마음을 담아 박수를 치고, 땅과 물과 식물을 주신 하나님께 감사 찬양을 한다)

방긋방긋 나눔 예배

인사 나누기

샬롬 샬롬~

검지를 세우고 흔들며 인사합니다. 아름다운 세상을 만들어 주신 하나님께 감사하며 선생님과 친구들과 반갑게 인사합니다.

말씀 나누기 : ⟨예꿈 입체 그림책⟩ 3-2과 읽기

⟨예꿈 입체그림책⟩ 3-2과 '땅과 물 그리고 식물을 주셔서 감사해요'를 천천히 읽어 줍니다.

활동 나누기 : 수박씨 붙이기

⋯▶ 3-2과 활동지, 검은색 원 스티커 또는 수박씨 (다양한 씨앗)

수박 그림에 검은색 스티커나 수박씨를 붙입니다. 수박 그림을 가지고 먹는 시늉을 합니다.

간식 나누기

물티슈로 손을 깨끗이 닦고 식탁보를 간 뒤, 간식을 준비합니다. 간식은 과일로 준비하면 좋습니다.
매일 우리에게 맛있는 음식을 주시며, 건강하게 돌보아 주시는 하나님의 은혜를 나눕니다.

축복 기도 아이들을 꼭 안고 축복하며 기도합니다.

반짝반짝 생활 예배

키 큰 나무, 예쁜 꽃 감사 예배

집 안에서나 바깥나들이를 할 때 식물을 관찰해 보세요.

"이거 뭐야?"라며 아이가 물을 때, 다시 질문해 주세요.
"수박이야. 수박은 누가 만드셨을까?"

또 함께 감탄해 주세요.
"하나님~ 하나님이 멋지게 만드셨다!"

키 큰 나무와 예쁜 꽃, 맛있는 과일과 채소, 하나님이 만드신 식물들을 하나하나 알아 가며 하나님께 기쁨으로 감사해요.

⇨ 수박을 색칠하고 씨를 붙이세요.

3과 물고기와 새와 동물들을 주셔서 감사해요

본문 | 창세기 1:20-25 · 포인트 | 하나님께서는 동물들을 창조하셨어요.

암송 | 하나님이 지으신 그 모든 것을 보시니 보시기에 심히 좋았더라. 창세기 1:31(상)

말씀 길잡이

하나님께서는 다섯째 날에 새와 물고기, 동물들을 창조하셨습니다. 그리고 여섯째 날에는 야생 동물과 가축을 포함한 땅 위의 동물들을 만드셨습니다. 그리고 같은 날 남자와 여자도 창조하셨습니다.

하나님께서 창조하신 수백 가지 종류의 동물들이 어떻게 하나님의 위대하심을 보여 주는지 다시 한번 강조하십시오. 하나님께서 창조하신 동물들은 놀랄 만큼 복잡한 과정을 통해 만들어졌고, 그 크기와 생김새도 다양하며, 정교하게 만들어졌습니다. 우리가 이 세상을 탐구하면 할수록, 우리는 더 깊이 하나님께 영광을 돌리게 됩니다. 어린이들에게 동물에 관한 책을 읽거나 자연을 대할 때마다 하나님께 작은 목소리로 감사의 기도를 드리라고 말해 주십시오. 그리고 어느 곳에나 존재하시는 위대한 하나님을 찬양하라고 말해 주십시오.

하나님께서는 모든 동물들을 창조하셨을 뿐 아니라, 동물들을 돌보아 주십니다.

- 하나님께서는 모든 동물들을 노아의 방주로 보내심으로써 종족을 유지하셨습니다.
- 하나님께서는 요나에게 하신 말씀을 통해, 하나님께서 니느웨 성의 어린이들과 동물들을 아끼신다고 말씀하셨습니다(욘 4:11).
- 시편 104편은 물고기, 새, 그리고 땅 위의 동물들에게 신실하게 거할 곳과 먹을 것을 공급해 주시는 하나님을 찬양합니다.

하나님께서는 동물들을 잘 돌볼 수 있는 또 다른 존재를 창조하셨습니다. 바로 저와 여러분입니다!

동물들을 잘 보살피고 돌보기 위해서는 먼저 동물들에 대해서 잘 알아야 합니다. 그러나 우리가 동물들을 주제로 공부해야 할 또 다른 이유가 있습니다. 성경은 하나님께서 동물들을 창조하시고, 그 동물들이 살아가도록 주신 지혜에 주목해야 한다고 말합니다. 우리는 또한 우리의 삶에서도 교훈을 배울 수 있습니다. 잠언 30:24~28 말씀은 "작고도 가장 지혜로운" 네 동물에 대해 이야기합니다. 각각의 동물들은 우리가 어떻게 잘 살아가야 하는지를 가르쳐 줍니다.

그러나 우리는 동물들이 우리에게 도움을 주는 것처럼, 우리도 하나님께서 창조해 주신 동물들을 돌보아야 한다는 것을 반드시 기억해야 합니다. 하나님께서는 우리의 공급자십니다. 하나님께서는 우리에게 이용하고 착취하라고 동물을 주신 것이 아니라, 우리 자신처럼 잘 다스리고 관리하라고 주신 것입니다. 우리 자신의 이기심을 극복하기 위해, 우리는 아직도 배워야 할 것이 너무나 많습니다.

어린이들이 자신의 애완동물을 잘 돌보는 것부터 배우게 하십시오. 애완동물은 가정에 많은 기쁨을 가져다주지만, 애완동물을 키우는 데에는 중요한 책임이 뒤따릅니다. 우리가 우리 애완동물의 진정한 주인이 누구신지를 기억한다면, 우리는 더 기쁜 마음으로 돌볼 수 있을 것입니다. 우리로 하여금 잠시나마 개를 산책시키고, 새장을 청소하고, 돼지에게 먹을 것을 주도록 우리를 창조하신 분이 바로 우리의 창조주, 우리의 주인이십니다.

블록 놀이

동물 탑 쌓기 ···→ 블록, 블록 판, 동물 모형 블록

동물들을 높이 쌓을 수 있는 방법을 생각해 봅니다. 동물과 블록을 끼워 탑을 쌓아 봅니다.

돼지는 어떤 소리를 낼까?

소꿉놀이

동물 손가락 인형

동물 손가락 인형을 끼고 동물 흉내를 내어 보거나 이야기를 만들어 연극 놀이를 합니다. 사과 박스를 뚫어 인형극 틀을 만들어 놀이해도 좋습니다.

어흥~, 사자는 자기를 만들어 주신 하나님께 무어 라고 인사했을까요?
깡충깡충, 토끼는 자기를 만들어 주신 하나님께 무 어라 인사했을까요?

미술 놀이

애벌레 만들기

···→ 휴지 속심 또는 종이컵, 초록색 색종이, 풀, 리본 테이프

휴지 속심이나 종이컵에 초록색 색종이를 찢어 붙여 애벌레의 몸통을 만듭니다. 두세 개의 애벌레 몸통을 리본 테이프로 연 결하여 애벌레를 완성합니다. 줄을 끌고 다니며 놀이합니다.

꿈틀꿈틀~ 애벌레가 어디에 가고 있을까요?

책 놀이

···→ 어린이용 그림 성경책, 커다란 성인용 성경책, 창조 이야 기, 동물, 곤충이 나오는 자연 관찰책 등

하나님께서 다양한 동물들과 곤충을 만드신 장면을 자세히 읽어 주면서 아이들이 좋아하는 동물의 생김새와 소리, 움직 임 등을 표현합니다.

드라마

낮은 책상, 디오라마(해, 달, 별, 구름 모형, 다양한 동물 모형), 투명한 어항에 든 물고기, 막대에 붙인 물고기, 두 가지 색의 천 (파랑, 검정), 1, 2주에 사용한 설교 자료

(1,2주에 사용한 설교 디오라마 자료를 보여 주며 진행한다)

(검은색 천을 펼치며)
아무것도 없는 세상에 하나님께서 밤과 낮을 만드셨어요.
(해, 달, 별 모형을 보여 주며)
그리고 높고 높은 하늘에 해, 달, 별을 만들어 세상을 환 하게 비추게 하셨어요.
(땅과 바다 모형 디오라마를 보여 주며)
하나님께서는 예쁜 꽃과 나무도 만드시고 맛있는 과일도 만드셨어요.
하나님께서 말씀하셨어요. "보기에 정말 좋구나!"
(파란색 천을 펼치며)
그런데 출렁출렁. 물이 가득한 바다에는 아무것도 없었어요.

(어항 속에 있는 물고기를 보여 주며)
살랑살랑~ 꼬리를 흔들며 헤엄치는 이 물고기는 누가 만 들었을까요?

하나님께서 말씀하셨어요. "바다는 물고기들로 가득 차라!"
(파란 천을 펼치며 막대에 붙인 물고기들이 헤엄치듯이 움직인다)
헤엄치며 다니는 물고기들은 정말 좋아했어요. 하나님도

바닷속에서 헤엄치는 물고기를 보며 좋아하셨어요.

그런데 하늘을 쳐다보니 아무것도 없었어요.
하나님께서 말씀하셨어요. "새들은 하늘을 날아 다녀라!"
그러자 멋진 새들이 하늘을 날아다녔어요.
(새들이 달린 우산을 펴고 빙빙 돌린다)
짹짹! 짹짹! 하늘을 날아다니는 새들이 하나님을 찬양했
어요.

(기린, 토끼, 코끼리 모형을 보여 주며)
어어~! 그런데 목이 기다란 이것은 무엇일까요?
깡충깡충 뛰어오는 이것은 무엇일까요?
코가 기다란 이것은 무엇일까요?
맞아요. 이것은 하나님께서 만드신 동물이에요.

하나님께서 말씀하셨어요. "동물들아, 나타나라!"
온 세상이 동물들로 가득했어요.
목이 기다란 기린처럼 친구들도 목을 길게 올려 볼까요?
토끼처럼 깡충깡충 뛰어 볼까요?
코가 기다란 코끼리처럼 손으로 코를 만들어 볼까요?

하나님께서 물고기와 새와 동물을 만드시고 "와~! 정말
좋다"라고 말씀하셨어요. 우리에게 물고기와 새와 동물
을 만들어 주신 하나님 감사해요!

방긋방긋 나눔 예배

인사 나누기

여러 가지 동물 소리를 내며 인사합니다.

○○이 안녕?
꿀꿀 안녕하세요!
야옹야옹 안녕하세요!

말씀 나누기 : 〈예꿈 입체 그림책〉 3-3과 읽기

〈예꿈 입체그림책〉 3-3과 '물고기와 새와 동물들을 주셔서
감사해요'를 천천히 읽어 줍니다. 동물과 물고기의 움직임과
소리를 따라하며 함께 기뻐합니다. 이 모든 것을 지으신 분이
누구신지 이야기 나눕니다.

"어떤 동물을 좋아하나요?"

간식 나누기

손을 깨끗이 닦고 식탁보를 깐 뒤, 간식을 준비합니다.
간식으로 동물 모양 쿠키를 준비하면 좋습니다. 매일 우리에
게 맛있는 음식을 주시며, 건강하게 돌보아 주시는 하나님의
은혜를 나눕니다.

활동 나누기 : 창조 깃발 만들기

⋯› 3-3과 활동지, 풀, 가위, 스티커(동물, 물고기, 해, 달, 별),
풍선 막대 또는 나무젓가락, 투명 테이프

활동지에 스티커를 붙여 꾸미고 자른 후 길게 연결하여 붙이
고, 풍선 막대나 나무젓가락에 달아서 창조 깃발을 만듭니다.
창조 깃발을 흔들면서 찬양에 맞추어 자유롭게 춤을 추며 찬
양합니다.

축복 기도 온 세상을 창조하신 하나님의 솜씨를 찬양하며
아이들을 꼭 안고 축복하며 기도합니다.

반짝반짝 생활 예배

멍멍아 안녕! 야옹아 안녕!

공원이나 동물원을 산책하며 동물을 관찰해 보세요.
동물들이 창조주 하나님을 어떻게 찬양하는지 관심을 가
지고 살펴보세요.

어슬렁거리며, 담장을 뛰어오르며, 날갯짓을 하며 찬양
하는 모습을 보며 이야기를 나눠 보세요.
"예쁜 강아지는 누가 만드셨을까?"
"와~ 하나님, 정말 예쁘고 귀엽게 만드셨네!"

동물과 물고기와 새들을 볼 때마다 하나님을 기억하고,
아이와 함께 하나님의 놀라운 솜씨를 찬양하세요.

➡ 그림을 잘라 길게 이어 붙이고 창조 깃발을 만드세요.

4과 우리를 만드셔서 감사해요

본문 | 창세기 1:26–31 • **포인트 |** 하나님께서 사람을 창조하셨어요.
암송 | 하나님이 지으신 그 모든 것을 보시니 보시기에 심히 좋았더라. 창세기 1:31(상)

말씀 길잡이 하나님께서 이 세상과 살아 있는 수많은 생물을 창조하셨음에도 불구하고 아직 무엇인가 빠져 있었습니다. 하나님께서는 자신의 '형상'을 따라 자신의 '모양'대로 지음 받은 창조물을 원하셨습니다(창 1:26). 그래서 하나님께서는 하나님의 사랑으로 인간을 창조하셨습니다.

우리는 어떻게 하나님의 '모양'을 가졌을까요? 본문은 다음과 같은 것들을 제시합니다.

- 우리는 다른 창조물들을 다스릴 능력이 있습니다 (1:26–27).
- 우리는 하나님의 중요한 일을 수행하는 하나님의 대리자로서 특별한 축복과 도전을 받았습니다 (1:28, 2:15).
- 인간은 말씀으로만 창조된 것이 아니라, 창조주이신 하나님께서 직접 빚으셨고, 하나님의 생기를 불어넣어 주셨습니다(2:7).
- 우리에게는 하나님께 순종하거나 불순종할 수 있는 자유의지가 있습니다(2:9).
- 우리는 다른 창조물들에게 명령하고 다스리는 하나님의 일을 계속 해나가는 특권을 받았습니다 (아담은 동물의 이름을 지어 줄 수 있었습니다, 2:20).

어린이들도 하나님께서 우리에게 멋지고 중요한 책임을 주셨다는 것을 이해할 수 있을 것입니다. 어린이들은 이미 돼지나 코끼리가 세상을 다스리는 것이 아니라, 사람이 다스린다는 것을 알고 있습니다. 어린이들에게 이 세상을 기쁘게 하고, 하나님께 감사 드리며, 하나님을 돕는 사람으로서 이 세상을 돌보고 가꾸는 것이 얼마나 중요한 일인지 말해 주십시오.

또 한 가지, 하나님께서 "좋지 못하니"(창세기 2:18)라고 느끼셨던 것이 있었습니다. 사람을 창조하신 후에도 무언가가 빠져 있었습니다. 아담은 혼자였던 것입니다(18절). 아담은 "돕는 사람"으로서의 배우자가 필요했습니다(20절). 그래서 하나님께서는 아담의 갈비뼈로부터 하와를 만드셨습니다. 그들은 서로에게 있어서, 하나님께서 주신 좋은 선물이었습니다(24절). 그것은 우리도 마찬가지입니다. 하나님께서는 우리를 혼자 있는 존재로 만들지 않으셨습니다. 결혼을 했든 아직 미혼이든 하나님께서는 우리가 공동체 안에서 함께, 서로 돌보며 살도록 하셨습니다. 우리 주위의 친구들, 부모님들, 선생님들, 또는 형제들은 우리 때문에 하나님께 감사드리고 있습니까?

어린이들이 우리가 세상을 돌보고 하나님께서 기뻐하는 곳으로 만들 수 있다는 도전에 흥분하고 기뻐하게 하십시오. 하나님의 사랑을 동물들과 다른 사람들에게 전한다는 것은 어렵지만 보람 있는 일입니다. 하나님께서는 우리가 이 일을 잘해 낼 수 있도록 언제나 함께하시고 도우십니다.

블록 놀이

기차에 타요 ⋯ 바퀴가 달린 블록

바퀴가 달린 블록을 연결하여 기차를 만들고 한 칸에 한 사람씩 타도록 합니다. 일대일 대응 놀이를 할 수 있도록 한 사람씩 올려놓는 규칙을 정합니다.

이 기차에 누가 타면 좋을까?

소꿉놀이

빨간색 놀이
⋯ 소꿉놀이 세트와 앞치마, 모자, 구두 등 일상생활 용품

소꿉놀이 세트와 여러 가지 일상생활 용품을 이용하여 소꿉놀이 또는 엄마 놀이를 합니다. 아이들이 놀이의 흐름을 주도적으로 이끌어 갈 수 있도록 도와줍니다.

미술 놀이

나는 하나님의 걸작품
⋯ 3-4과 활동지, 찰흙이나 색연필, 털실, 모루 등

3-4과 활동지의 그림 위에 털실로 머리카락을 붙이고 찰흙으로 눈과 코, 입 등을 빚어 붙여서 나의 얼굴을 완성합니다. 머리카락은 모루 등 다양한 재료를 이용하면 재미있습니다.

하나님께서 나를 만드셨어요.
나는 정말 멋져요!

책 놀이

⋯ 어린이용 그림 성경책, 커다란 성인용 성경책, 창조 이야기, 인체 관찰책 등

하나님께서 우리를 창조하신 이야기를 읽어 주며 아이들 스스로가 얼마나 소중한 존재인지 깨닫도록 합니다.

디오라마 설교

> 준비물 : 낮은 책상, 다섯 가지 색깔의 천(검정, 갈색, 파랑, 초록, 노랑) 무대조명, 디오라마(별, 달, 해 모형, 스티로폼과 한지로 만든 땅과 바다 모형, 동물 모형 등을 올려놓을 수 있는 크기)

(다섯 가지 색의 천을 하나씩 보여 주며 진행한다)

아주 먼 옛날, 사람이 살기 전에는 온 세상이 캄캄했어요. 아무것도 없었어요.
하나님께서 말씀하셨어요. "빛이 있어라!"
캄캄하던 세상에 환한 빛이 생겼어요. 낮을 밝히는 해를 만드시고 밤에도 반짝반짝 빛나는 별과 달을 만드셨어요.
(해와 달과 별을 차례로 보여준다)
하나님께서 보시기에 아주 좋았어요.

하나님께서 다시 말씀하셨어요. "땅이 생겨라!"
(갈색 천을 검은색 천 위에 덮는다)
그리고 하나님께서 말씀하셨어요. "물이 흘러라!"
(파란색 천을 갈색 천 위에 덮는다)
하나님께서 보시기에 좋으셨어요.
"하하하! 정말 멋진 세상이 되었구나!"

하나님께서 말씀하셨어요. "물들은 한 곳으로 모여 흐르고 땅은 솟아나라!"
(땅과 바다 모형 디오라마를 보여준다)
하나님께서 보시기에 아주 좋았어요.

하나님께서 말씀하셨어요. "나무와 풀들이 생겨나라!"
(디오라마 위에 식물을 꽂는다)
하나님께서 보시기에 좋았어요.

하나님께서 말씀하셨어요. "하늘을 나는 새야, 생겨나라!"
(새 모형을 올려놓는다)
"동물들아 생겨나라!"
(토끼, 사자 등의 동물 모형을 하나씩 디오라마 위에 올려놓는다)
"바닷속을 헤엄치는 물고기야, 생겨나라!"
(돌고래, 물고기 등을 바다 위에 놓는다)
하나님께서 보시기에 좋았어요.

하나님께서 말씀하셨어요.
"우리의 모양을 따라 사람을 만들자! 사람이 바다의 물고
기들과 하늘의 새들과 땅의 모든 동물들을 돌보게 하자!"
하나님께서는 흙으로 사람을 만드셨어요.
(인형을 보여 준다)
하나님께서 만드신 남자를 아담이라고 불렀고 아담은 우
리 영아부 친구들처럼 걷고 달리고 먹고 잠을 잤어요. 하
나님께서는 아담을 매우 사랑하셔서 친구를 만들어 주기
로 결정하셨어요.
아담을 깊게 잠들게 한 다음에 아담의 갈비뼈 하나를 떼
서 여자 친구 하와를 만드셨어요.
아담은 하와를 매우 좋아하고, 함께 먹고, 함께 달리고,
함께 놀고, 함께 동물들을 돌보았어요. 하나님께서는 하
나님이 만드신 모든 것을 보시고 정말 좋다고 하셨어요.

이렇게 하나님의 모양에 따라 우리 친구들도 만들어졌어
요. 하나님 사랑으로 우리들을 만들어 주셔서 감사합니
다. 온 세상의 별, 달, 해, 꽃, 나무, 동물들과 사람들이
있는 아름다운 세상을 만드신 하나님 감사합니다.

방긋방긋 나눔 예배

'머리 어깨 무릎 발'♬ 노래에 맞춰 자신의 몸을
짚어 가며 인사합니다.

 : 〈예꿈 입체 그림책〉 3-4과 읽기

〈예꿈 입체그림책〉 3-4과 '우리를 만드셔서 감사해요'를 읽어
줍니다. 우리를 만들어 주신 하나님께 감사의 마음을 표현합
니다.

간식 나누기

물티슈로 손을 깨끗이 닦고, 식탁보를 깐 뒤, 간식을 준비합니
다. 매일 우리에게 부족함 없이, 맛있는 음식을 주시며, 우리
를 돌보아 주시는 하나님의 은혜를 나눕니다.

활동 나누기 : 엄마와 함께 쭉~ 쭉!

'머리 어깨 무릎 발'♬ 노래를 부르면서 엄마가 아이의 몸을
마사지해 줍니다.

하나님, 이렇게 튼튼한 다리를 주셔서 감사합니다.

축복 기도 하나님의 형상으로 지음 받은 우리 아이들을 축
복하며 기도합니다.

반짝반짝 생활 예배

아이들은 공주님과 왕자님 같은 엄마 아빠의 결혼식 사
진이나 DVD를 무척 좋아하지요.
외로운 아담에게 하와를 주셨듯이 하나님이 엄마와 아빠
를 어떻게 만나게 하셨는지 엄마, 아빠의 사랑 이야기를
들려주세요.

사진 속의 할머니와 할아버지, 가족들을 찾아보며 가족
을 주신 하나님께 대한 감사의 마음을 나누세요.
갓난아기 때의 사진도 찾아보면서 우리를 멋지게 만들어
주신 하나님께 감사하는 마음을 표현해 보세요.

"하나님이 지으신 그 모든 것을 보시니 보시기에 심~~히
좋았더라"(창1:31).

⇨ 다양한 재료를 사용하여 나를 꾸며 보세요.

5과 하나님의 가족이 자라가요

본문 | 사도행전 2:1–12 · **포인트** | 우리에게 성령을 보내 주셨어요.

암송 | 오직 성령이 너희에게 임하시면 너희가 권능을 받고 예루살렘과 온 유대와 사마리아와 땅끝까지 이르러 내 증인이 되리라. 사도행전 1:8

말씀 길잡이

사도행전 2장에서 우리는 예수님이 승천하시면서 하셨던 약속을 어떻게 성취하셨는지 보게 됩니다. "오직 성령이 너희에게 임하시면 너희가 권능을 받고 예루살렘과 온 유대와 사마리아와 땅끝까지 이르러 내 증인이 되리라 하시니라"(행 1:8). 성령님은 태초부터 이 땅에 계셨습니다. "하나님의 신은 수면에 운행하시니라"(창 1:2)고 성경에서는 분명하게 말씀하고 있습니다. 선지자들은 한 성령의 감동을 받아 예언했습니다(삼상 10:10, 사 61:1). 그리고 예수님이 세례를 받으셨을 때 예수님에게 임한 것은 분명히 '하나님의 신', 즉 '성령님'이셨습니다(마 3:16). 오순절에 임하신 성령님이 새로운 이유는 이제 성령님이 모든 믿는 자들에게 부어지기 시작했다는 것입니다(행 2:16). 구약 시대의 성령님은 소수의 제사장과 선지자들을 훈련하셔서 하나님의 일을 감당하게 하였습니다. 그리고 하나님의 가족인 교회는 좁은 지역인 이스라엘 안에만 담겨 있었습니다. 그러나 이제는 요엘의 예언이 성취되어, 성령님의 능력이 모든 경계를 넘어서서 세계를 가득 채우고도 넘칩니다. 하나님의 가족은 유래 없이 확장되고 있습니다. 모든 믿는 사람들이 기적과 표적을 행할 수 있는 것은 아닙니다. 그러나 모든 믿는 사람들은 하나님의 선지자요, 제사장이요, 대제사장으로서 은사를 받았습니다.

깊은 경외감이 오순절에 널리 퍼졌습니다. 이 사건은 지켜보던 군중을 놀라게 했습니다(행 2:12). 표적과 상징들은 성령께서 오셨다는 것을 확인해 주었습니다. 여기서 나온 급하고 강한 바람의 소리는 성경에서 성령의 상징으로 종종 사용됩니다(겔 37:9–14, 요 3:6–8). 목격자들은 "불의 혀같이 갈라지는 것"(행 2:3)이 각 사람에게 임한 것을 보았습니다. 불타는 떨기나무(출 3장)처럼 불은 하나님의 직접적인 임재를 나타냅니다.

이 표적들과 함께 다른 나라의 언어를 할 수 있는 방언의 은사가 주어졌습니다. 이 은사는 뜻을 알 수 없는 이상한 말이 아닌 선언이었습니다. 그 자리에 모인 군중이 예수님을 따르는 사람들의 말을 듣고 이해할 수 있었기 때문입니다. 베드로가 일어나서 방금 일어났던 일을 사람들에게 설명했습니다. 그는 청중들에게 "너희가 회개하여 각각 예수 그리스도의 이름으로 세례를 받고 죄 사함을 얻으라. 그리하면 성령을 선물로 받으리니 이 약속은 너희와 너희 자녀와 모든 먼 데 사람 곧 주 우리 하나님이 얼마든지 부르시는 자들에게 하신 것이라"(행 2:38–39)고 촉구했습니다. 이제부터 하나님의 가족들은 다양성을 너그럽게 견딜 뿐 아니라 환영하고 축하해야 합니다.

성령이 극적으로 부어진 것과 복음이 선포된 첫 번째 결과로 3천 명의 사람들이 바로 그날에 세례를 받았습니다. 신약 시대의 교회는 물과 성령으로 태어났습니다. 그 후로 온 세계에 기적들이 계속해서 일어나기 시작했고, 아직도 수많은 사람이 여러분과 저와 같은 사람들의 말과 행동을 보고 하나님의 가족이 되고 있습니다.

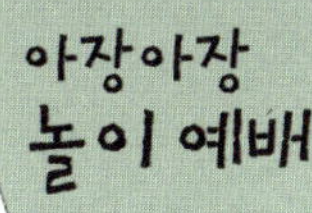

블록 놀이

우리 가족 ···▶ 나무 블록

같은 모양의 크기가 다른 블록들을 상자에 담아 준비합니다.
크기에 따라 줄을 세워 봅니다. 블록을 놓으면서 아빠, 엄마,
언니, 누나 등의 호칭을 부릅니다.

아빠가 왔어요. 엄마가 왔어요.
와! 가족이 모였어요!

소꿉놀이

인형 놀이 ···▶ 여러 나라 사람 인형

여러 나라 사람 인형을 준비하거나 잡지에서 사람 사진을 오
려 두꺼운 도화지에 붙여 종이 인형을 만듭니다. 인형을 가지
고 인사를 하거나 악수를 하는 등 서로 친해지는 모습을 표현
하며 놀이합니다.

안녕~? 반가워! 나는 ○○이야!

미술 놀이

우리는 한 가족!

···▶ 예꿈 3–5과 활동지, 스티커 또는 풀과 잡지

예꿈 3–5과 활동지에 있는 세계 지도에 사람 모양의 스티커
나 잡지에서 오린 사람 사진을 붙입니다.

여기에 모여 사는 우리들은 모두 한 가족이구나!

책 놀이

···▶ 어린이용 그림 성경책, 커다란 성인용 성경책 등

성령님이 오시는 장면을 다양한 소리를 내며 읽어 줍니다. 성
령님을 보내 주신 하나님께 감사하는 마음을 표현합니다.

우리에게 성령님을 보내 주신 하나님께 감사해요!

융판 동화

> 준비물 : 하트 위에 불꽃이 있는 모양의 부직포(등장인물 수대
> 로), 바람 소리 음향, 마가의 다락방 배경
> 등장인물 : 여러 나라 사람들

말을 빨리하면 무슨 말인지 알아듣기 어려워요. 전도사님이
인형만 바라보고 내 눈을 보지 않아서 누구한테 말하는지 잘
모르겠어요.

부활하신 예수님께서 하늘로 올라가신 후 예수님의 제자
들은 모두 한 집에 모여 있었어요. 제자들은 예수님의 말
씀을 생각하며 기도하기 시작했어요. 그런데 놀라운 일이
일어났어요.
(음향 : 바람 소리)
갑자기 바람 같은 소리가 들리더니 그들이 앉아 있는 방
에 가득했어요.
(하트-불꽃 모양을 사람들에게 붙인다)
그리고 불꽃 같은 것이 방안을 가득 채웠어요.
"어, 내 마음이 뜨거워졌어요."
"나도, 나도! 갑자기 마음이 따뜻해지고 사랑이 가득해졌
어요."
방 안에 있던 사람들은 모두 성령으로 충만해졌어요. 성
령으로 충만해진 사람들은 모두 큰 소리로 기도했어요.
그런데 놀라운 일이 일어났어요. 집 앞을 지나가던 사람
들이 걸음을 멈추고 집 안에 귀를 기울였어요.
"어? 이상하다! 집 안에 있는 사람들은 분명히 갈릴리 사
람들인데 어떻게 다른 나라 말을 하지?"
(미국 사람)
"헬로! 난 미국 사람. 어떻게 갈릴리 사람들이 영어로 말
을 하지?"
(중국 사람)
"니- 하오! 난 중국 사람. 어떻게 갈릴리 사람들이 중국

어로 말을 하지?"
(일본 사람)
"곤 니찌와! 난 일본 사람. 어떻게 갈릴리 사람들이 일본어로 말을 하지?"
(모두 함께)
"이상하다?"
정말 놀라운 일이에요.
다락방에 있던 사람들에게 예수님께서 말씀하시던 성령님이 오셨어요. 성령님은 예수님을 믿는 사람들이 점점 많아지게 하셨어요.
다락방에서 기도하던 제자들과 밖에 있던 사람들은 하나님의 가족이 되었어요.
하나님의 가족인 교회가 점점 자라났어요.

하나님의 가족인 교회로 불러 주신 하나님, 감사합니다.

방긋방긋 나눔 예배

인사 나누기
선생님이 먼저 세계 각국 언어로 인사합니다.

영어 : 헬로?
중국어 : 니- 하오?
일본어 : 곤 니찌와!
이스라엘 : 샬롬!

이것은 모두 "안녕하세요?"라는 뜻의 인사라는 것을 알려 주세요. 어린이들도 함께 세계의 다양한 언어로 인사를 나눕니다. 세계의 전통 의상을 입으면 더욱 좋습니다.

말씀 나누기 : 〈예꿈 입체 그림책〉 3-5과 읽기
〈예꿈 입체그림책〉 3-5과 '하나님의 가족이 자라가요'를 실감나게 읽어 줍니다. 하나님의 가족에 대한 느낌을 나눕니다.

가족이 함께 있으면 마음이 어떤가요?
하나님의 가족이 함께 모여 기도할 때 어떤 일이 일어났나요?

활동 나누기 : 사랑의 띠- 우리는 하나님

…→ 가위, 색연필이나 크레파스, 풀, 국기가 그려져 있는 왕관

국기가 그려져 있는 왕관에 색칠한 후 왕관을 오려서 머리에 씁니다. '우리는 사랑의 띠로 하나가 되었습니다'♬ 찬양을 부르며 큰 원을 만들어 돕니다.

간식 나누기
물티슈로 손을 깨끗이 닦고, 식탁보를 깐 뒤, 간식을 준비합니다. 간식을 먹는 동안 부모님은 오늘 영아부 예배의 은혜와 일주일간 아이들과 함께했던 생활 예배 이야기를 나눌 수 있습니다.

축복 기도 성령 충만한 삶을 살아가도록 아이들을 꼭 안고 축복하며 기도합니다.

물 위를 둥둥~ 성령님 구명조끼
물놀이 할 때 성령님을 소개해 주세요.

구명조끼나 튜브가 있으면 물에서도 안전하고,
물안경을 끼면 눈도 보호되는 것처럼,
이 세상의 파도가 무섭게 느껴질 때,
성령님 구명조끼를 입고 성령님 튜브를 타고,
성령님 물안경을 쓰면 무섭지 않다고 이야기해 주세요.

"예꿈아, 이 구명조끼는 성령님 닮았나 봐!
우리를 꼭 안아 주고 우리를 지켜 주니까."

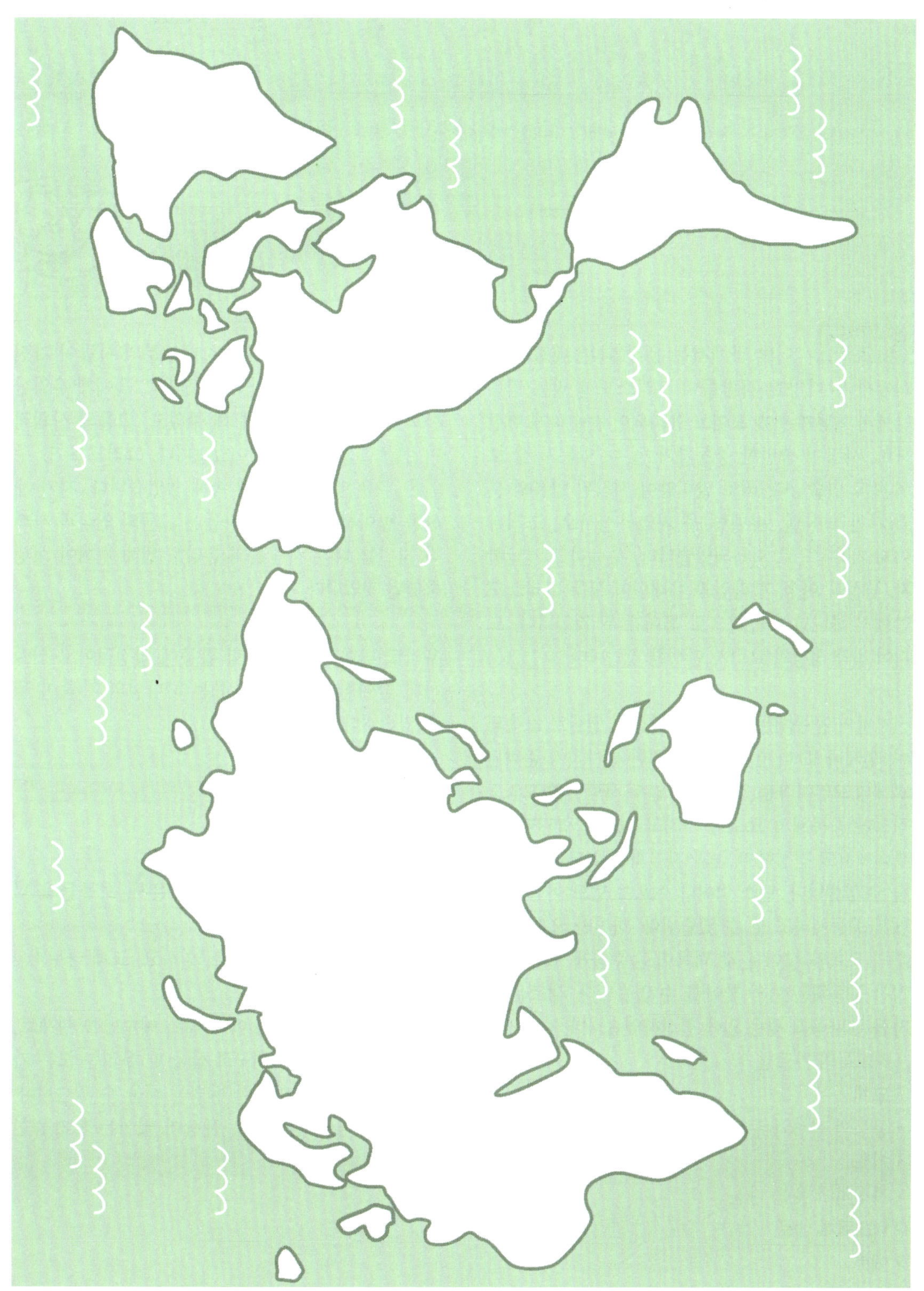

⇨ 세계 곳곳에 사람 모양의 스티커나 사진, 잡지 그림을 오려 붙이세요.

6과 하나님의 가족은 이렇게 살아요

본문 | 사도행전 2:42-47 **· 포인트 |** 성령님은 우리가 하나님의 가족으로 살아가도록 도와주세요.

암송 | 오직 성령이 너희에게 임하시면 너희가 권능을 받고 예루살렘과 온 유대와
사마리아와 땅끝까지 이르러 내 증인이 되리라. 사도행전 1:8

말씀 길잡이

이번 과에서는 온갖 다른 배경과 사회에서 온 다양한 사람들이 그리스도를 믿는 믿음 안에서 어떻게 함께 모이고 융화되어 순수하게 헌신하며, 사랑이 충만한 공동체가 될 수 있는지 잘 보여 주고 있습니다. 죄로 말미암아 시작된 인류의 분열(가인과 아벨, 바벨탑)을 기억하십시오. 그러나 이제 기적적으로 회복되었습니다. 부유하고 가난한 자, 남성과 여성, 헬라인과 유대인이 모두 그리스도 안에서 하나님의 가족으로 묶이게 된 것입니다. 드디어 신약 성경의 교회가 탄생한 것입니다.

신자들의 공동체는 모든 구성원들이 진실로 소속되며, 언제나 또 다른 사람들을 위한 빈자리가 준비된 교제의 모임이라는 것입니다. 일부 사람들의 모임도 진정한 공동체의 요소를 가지고 있기는 합니다. 군부대에서도 진정한 나눔과 자기희생의 모습을 보여 줄 수 있습니다. 댄스 팀이나 스포츠 팀도 어떤 의미에서 공동체라고 할 수 있습니다. 하지만 오순절 이후의 교회와 같이 온갖 덕목이 순수하게 보이는 진정한 공동체는 거의 찾아볼 수 없습니다. 새로운 신자들은 다음과 같은 일에 헌신하였습니다.

- 사도들의 가르침
- 교제
- 공동의 식사와 주의 만찬
- 기도
- 자신의 소유를 나눔
- 너그럽게 베풂
- 예배

신자들의 헌신 정도에 대해 주목하는 것은 매우 중요합니다. 그 당시 집과 땅은 대부분의 사람이 가진 유일한 재산이었습니다. 부동산은 그들에게 유일한 사회적 안정감을 누리게 해 주었고, 그들의 사회적 지위를 결정해 주는 것이었습니다. 그러므로 땅 주인은 부유한 상류계급에 속해 있었습니다. 자기 재산을 팔아서 나눌 때 신자들은 그들의 연금과 사회적 지위를 다른 사람들의 유익을 위해 기꺼이 희생하였던 것입니다.

우리도 다음과 같은 교회 활동에 열정적이고 신실하게 참여함으로써 성장하는 하나님의 가족이 될 수 있습니다.

- 예배하기
- 가르치고 배우기
- 복음 증거하기
- 호의를 베풀기
- 우리의 시간과 재능과 영적인 은사, 보물들을 너그럽게 나누기
- 함께 격려하고, 제자 삼고, 일하고, 교제 나누기

요약하자면, 하나님을 아버지로, 예수님을 형제로, 성령님을 가장 친한 친구로 삼을 때 우리는 모든 가족들이 살아가야 마땅한 방법을 배울 수 있습니다. 그러나 그리스도의 깊은 사랑이 없이는 불가능한 일입니다.

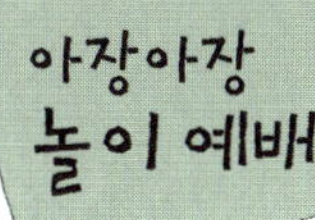

블록 놀이

하나님의 가족 ···▶ 나무 블록, 두꺼운 도화지

두꺼운 도화지에 교회 모양을 그려서 바닥에 놓습니다. 그 위에 나무 블록을 교회에 온 사람들처럼 놓아 보며 놀이합니다.

○○이도 교회에 왔어요.
어서어서 오세요.
우리 서로 사랑해요.

어떤 친구가 블록을 던져서 무서워요. 또 어떤 친구는 블록을 혼자 독차지해요. 엄마나 선생님이 옆에서 지켜 주시면 블록놀이를 할 수 있을 것 같아요.

소꿉놀이

교회 놀이

···▶ 성경책, 성가대 의상, 헌금 바구니, 방석, 장난감 기타, 장난감 마이크 등 교회에서 사용하는 물품

여러 가지 교회에서 사용하는 물건을 가지고 교회 놀이를 합니다.

미술 놀이

교회 만들기(공동 작품) ···▶ 상자, 색종이, 시트지, 풀

상자 겉면에 색종이나 시트지를 오려서 붙이며 교회를 아름답게 꾸밉니다. 십자가도 만들어 지붕에 달아 봅니다.

책 놀이

···▶ 어린이용 그림 성경책, 커다란 성인용 성경책 등

성령 충만함을 받은 초대 교회 사람들이 서로 돕고 사랑하는 모습을 부드러운 목소리로 읽어 줍니다.

하나님, 우리가 하나님의 가족으로 사랑하도록 도와주세요!

막대 인형극

등장 인물 : 성도1,2,3, 베드로
소품: 옷, 음식

베드로 : 여러분, 예수님을 믿으세요. 예수님께서 하나님을 사랑하고 친구들을 사랑하라고 하셨어요.

성도1 : 아하! 예수님께서 그렇게 가르쳐 주셨구나!

베드로 : 먹을 것도 함께 나누고 아픈 친구들도 서로 돌봅시다.

성도2 : 그렇군요. 예수님께서 친구들을 돌보라고 하셨군요.

베드로 : 예수님 이름으로 기도해요.

성도3 : 네, 예수님처럼 하나님께 기도할게요.

해설 : 예수님을 믿는 사람들은 매일 서로 사랑을 나누며 지냈어요. 또 예수님 이름으로 기도하면 병에 걸린 사람들이 모두 다 나았어요.

성도1 : 자, 우리 어서 교회에 가서 하나님 말씀 들어요.

성도2,3 : 그래요! (찬양을 부르며 교회로 향한다)

해설 : 예수님을 믿는 사람들이 점점 많아졌어요.

베드로: 여러분, 우리 모두는 하나님 나라의 가족이에요. 성령님은 하나님의 가족이 사랑하며 살도록 도와주신답니다.

성도1 : 네, 저도 사랑하며 살래요.

성도2 : (옷을 나눠 주며)친구야, 이 옷을 입고 따뜻하게 지내렴.

성도3 : (음식을 나눠 주며) 이 음식을 먹고 건강해지렴.

성도1 : 슬픈 친구를 예수님의 사랑으로 안아 줄래요.

성도2 : 나는 친구들과 함께 하나님을 찬양할래요!

성도3 : 나는 친구들과 함께 하나님께 기도할래요!

해설 : 하나님의 가족은 성령님의 능력으로 서로 돕고 함께 기도
하며 살았어요. 그래서 사람들에게 칭찬을 받았어요. 또
예수님을 믿지 않던 사람들이 예수님을 믿게 되어 하나님
의 가족들은 점점 더 많아졌어요.

다 같이 '아름다운 마음들이 모여서'♬ 찬양을 한다.

인사 나누기

　　　서로의 이름을 부르며 하이파이브를 합니다. 옆
에 있는 선생님과 친구들과 반갑게 하이파이브를 하며 인사
합니다.

말씀 나누기 : 〈예꿈 입체 그림책〉 3-6과 읽기

〈예꿈 입체그림책〉 3-6과 '하나님의 가족은 이렇게 살아요'
를 읽으며, 하나님의 가족은 교회에 모여서 무엇을 했는지
질문합니다. 가족 구성원에 대해 이야기 나눕니다.

활동 나누기 : 하나님의 가족은 서로 도와요

⋯▸ 3-6과 활동지, 다양한 물건 스티커(음식, 의류, 신발 등)

3-6과 활동지 그림을 보며 어떤 사람에게 어떤 물건이 필요
한지 이야기해 보고 필요한 물건 스티커를 붙입니다.

음식이 필요하시죠?
어서 드세요.
따뜻한 옷도 받으세요.

간식 나누기

물티슈로 손을 깨끗이 닦고 식탁보를 깐 뒤, 간식을 준비합니
다. 간식을 먹는 동안 부모님은 오늘 영아부 예배의 은혜와 일
주일간 아이들과 함께했던 생활 예배 이야기를 나눌 수 있습
니다.

축복 기도 하나님의 자녀로서 성령 충만한 삶을 살도록 자
녀를 축복하며 기도해 주세요.

아이의 얼굴, 엄마의 얼굴

아이들이 놀이하는 모습을 가만히 지켜보세요.
의사 놀이, 부부 놀이, 시장 놀이….

"자, 입 벌려 보세요."
"열이 많이 나는군요!"
"싫어도 약을 먹어야 해요."
"여보, 왜 그래?"
"자꾸 이러기야?"
"혼 좀 나 볼래?"
"이거 얼마예요? 괜찮네."
"깎아 주세요."
"자매님, 커피 드세요."
"힘내세요."
"축복해요!"
"자, 전도사님이 성경 이야기를 들려줄게요."

아이들의 놀이에는 우리 가정의 모습이 고스란히 담겨 있
습니다.
우리 가정이 하나님의 가정, 성령 충만한 가정이 되게 해
달라고 기도하세요.
엄마의 얼굴이 달라지면 아이의 얼굴이 달라지니까요.

교회 놀이를 하고 있는데 엄마가 자꾸만 "그게 아니고, 이렇게
하는 거야."라면서 틀렸다고 해요. 그래서 교회 놀이가 갑자
기 재미없어졌어요. 그냥 내 마음대로 놀게 해 주세요.

3-6과. 하나님 가족은 이렇게 살아요

⇨ 사람들에게 무엇이 필요한지 이야기를 나누고 필요한 물건 스티커나 그림을 붙이세요.

7과 하나님의 일을 해요

본문 | 사도행전 3:1–10, 5:12–16 **· 포인트 |** 성령님은 하나님의 일을 하도록 도와주세요.

암송 | 오직 성령이 너희에게 임하시면 너희가 권능을 받고 예루살렘과 온 유대와

사마리아와 땅 끝까지 이르러 내 증인이 되리라. 사도행전 1:8

말씀 길잡이

이 단원의 첫 이야기였던 오순절 사건 후에 누가가 사도행전에 처음으로 기록한 이야기는 치유의 이야기였습니다. 베드로와 요한이 걷지 못하는 거지를 도와주었던 것처럼 우리는 성령님의 능력이 초대교회 안에서, 초대교회를 통해서 일어나는 것을 볼 수 있습니다.

베드로와 요한이 성전으로 기도하러 가던 길에, 두 사람은 불행한 한 사람을 만나게 되었습니다. 그리스도의 사랑과 성령의 능력으로 충만하여 그들은 그 거지를 주목하고 그의 상황을 깨닫고는 멈추어서 그 거지를 도와주었습니다. 그 거지는 구걸해서 돈을 받고는 다시 돌아와 또 구걸을 하는 삶을 살아왔습니다. 그러나 이번에는 그 수치의 굴레에서 그를 구해 줄 특별한 선물을 받았습니다. 바로 일어나 걷게 되어서 온전한 몸을 갖게 된 것입니다. 또한 예수님의 이름을 선물로 받게 되었습니다. 예수님과 개인적으로 만난 것입니다.

왜 베드로는 "우리를 보라"(행 3:4)고 말했을까요? 아마도 그 거지는 도움을 청할 때 사람을 똑바로 바라보지 않고 시선을 피하는 법을 배워 왔기 때문이었을 것입니다. 아마 그는 자신의 처지를 부끄럽게 생각했을 것입니다. 그는 자신을 동정하거나 혹은 조롱하는 듯이 바라보는 시선을 견디기 어려웠을 것입니다. 더욱이 구걸하는 것은 이미 너무나도 익숙해져서 사람들과 일정한 거리를 두며 생활하는 것이 습관이 되었을 것입니다. 그러나 예수님의 이름으로 치유를 받는다는 것은 전혀 다른 것입니다. 그것은 주의 깊은 관심과 개인적인 교제와 무엇보다도 예수님에 대한 믿음에서 비롯되는 것입니다.

베드로가 그에게 주목하라고 했던 두 번째의 이유는 믿음을 더욱 격려하려는 것입니다. 베드로의 요구는 그 남자의 기대(행 3:5)를 더욱 증대시켰습니다. 베드로는 그 사람의 손을 잡고 일어나도록 도와줌으로써 그를 더욱더 격려했습니다. 믿음이 선행되었던 과거의 사건들과 달리, 믿음과 치유가 함께 일어났습니다.

이 치유의 행동은 제자들이 전했던 복음과 결코 다르지 않았습니다. 말과 행동이 일치된 것입니다. 기적은 목격된 것의 일부였을 뿐입니다. 베드로는 그에게 "나사렛 예수 그리스도의 이름으로 걸어라"라고 명령했습니다(6절). 그는 재빨리 이 기적이 인간의 능력에 의해 일어난 것이 아니라고 강조했습니다(12절). 베드로는 "예수로 말미암아 난 믿음"(16절)이 이러한 치유를 가지고 온 것이라고 주장했습니다.

이 남자를 치유한 것은 단지 시작이었을 뿐입니다. 사도들은 수많은 사람을 치유했습니다. 그들은 이 모든 것을 예수님 이름의 능력으로 행하면서 예수님의 능력과 사랑을 증명하였습니다. 우리는 사도들이 행했던 기적을 행할 수 없을지 모르지만, 예수님의 이름으로 자비와 긍휼을 베풀 수 있습니다. 그렇지만 이러한 일을 할 때 우리 자신을 멋지게 보이기 위한 것이 되어서는 안 된다는 것을 알아야 합니다. 우리는 그 일들을 예수님의 거룩한 이름으로 행하며, 예수님이 우리를 위해서 해 주신 멋진 일들을 다른 이들에게 전한다는 의미로 행해야 합니다. 그리하면 여러분이 섬기는 사람들이 하나님의 가족이 어떤 것인지 이해할 수 있게 될 것입니다. 그리고 그들도 하나님의 가족이 되기를 원하게 될 것입니다.

블록 놀이

서로 도와 교회를 지어요 ⋯ 카프라 블록

카프라 블록을 이용하여 井자 모양으로 쌓습니다. 서로 한 개씩 놓으면서 서로 돕는 모습을 표현합니다. 다 만든 후 교회를 완성했다는 기쁨을 나눕니다.

와! 하나님의 교회가 지어졌어요!

소꿉놀이

교회를 청소해요 ⋯ 물휴지, 청소 도구

교회를 깨끗하게 청소하는 듯 책상이나 바닥을 물휴지로 닦는 놀이를 합니다.

난 어리지만 청소할 수 있어요. 내가 닦은 책상이 깨끗해지면 내 기분도 좋아져요.

미술 놀이

어떻게 도와줄까요?

⋯ 3-7과 활동지, 다양한 모양의 색종이(세모, 네모, 별 등), 풀

3-7과 활동지 그림에 빠진 부분을 적당한 모양의 색종이를 찾아 풀로 붙여 완성합니다.

자동차가 움직이지 않아요! 무엇이 필요할까요?
자동차가 움직일 수 있도록 도와주세요.

안 보여요! 어떻게 도와줄까요?
볼 수 있도록 도와주세요.

비행기가 날 수 없어요! 어떻게 도와줄까요?
날 수 있도록 도와주세요.

책 놀이

⋯ 어린이용 그림 성경책, 커다란 성인용 성경책, 요한과 베드로 이야기 등

요한과 베드로가 성령님의 도움으로 성전 앞에서 걷지 못하는 사람을 고쳐 준 장면을 자세히 읽어 줍니다. 요한과 베드로보다 성령님을 통해 일하시는 하나님께 집중할 수 있도록 이야기를 들려줍니다.

하나님께서 도와주셨구나!

드라마

등장인물 : 꼬마, 베드로, 요한, 걷지 못하는 사람, 행인, 영아부 부모 1명, 해설
준비물 : 돈 통, 끈에 연결 된 신발, 빵
배경 : 성전 미문
음향 : 화장실 물 내려가는 소리

해설 : 성령 충만해진 베드로와 요한은 매일매일 하나님께 기도했어요. 오늘도 성전에 가서 기도하려고 길을 나섰어요.

걷지 못하는 사람 : (돈 통을 정리하며 자리를 잡고 목에 걸린 신발을 만지며) 나는 걸을 수가 없어요. 나는 한 번도 걸어본 적이 없어요. (돈 통을 두드리며) 한 푼만 주세요.

행인 : (돈 통에 돈을 넣고 지나간다)

꼬마 : (빵을 먹으며 천천히 지나가다가 주머니를 만지며 멈춰 선다) 어? 이상하다! 분명히 돈이 있었는데 왜 없지?

걷지 못하는 사람 : 한 푼만 주세요. (꼬마를 향하며) 꼬마야!

꼬마 : 네!

걷지 못하는 사람 : 내가 배가 고파서 그러는데 **빵** 조금만 줄래?

꼬마 : (빵을 떼어 주며) 이거 아저씨 드세요.

걷지 못하는 사람 : 그래, 고맙다. 그런데 꼬마야. 아저씨가 화장실에 가고 싶은데 나를 저기 있는 화장실까지 데려다 줄 수 있겠니?

꼬마 : 네. (아저씨를 부축하여 일으키며) 아저씨, 넘어질 것
　　　같아요. 저는 안 되겠어요. 여기 앉아 계세요.
걷지 못하는 사람 : 꼬마야, 어디 가니?
꼬마 : (예배에 참석한 영아부 부모 한 명을 데리고 나오며) 아저
　　　씨, 이분께 업히세요.
영아부 부모 : (걷지 못하는 사람 업고 이동)
(음향 : 화장실 물 내려가는 소리)
걷지 못하는 사람 : 아~ 시원하다!
영아부 부모 : (걷지 못하는 사람을 미문 앞에 내려놓고 퇴장)
걷지 못하는 사람 : 고마워요. 난 매일 이렇게 살아야 하니
　　　　　　　　　　정말 슬퍼요.

해설 : 그때였어요. 슬퍼하던 걷지 못하는 사람이 베드로와 요한
　　　이 성전 앞을 지나자 소리쳤어요.
걷지 못하는 사람 : 한 푼만 도와주세요.
베드로 : (걷지 못하는 사람을 바라보며) 우리를 보세요.
걷지 못하는 사람 : (돈 통을 들고 베드로와 요한을 바라본다)
베드로 : 내가 가진 돈은 없지만 나사렛 예수의 이름으로
　　　　말합니다. 일어나 걸으시오! (걷지 못하는 사람의
　　　　손을 잡아 일으킨다)
걷지 못하는 사람 : (베드로의 손을 잡고 일어난다) 어, 어! 내
　　　　　　　　　　발에 힘이 생겨요. 할렐루야~ 내가 일
　　　　　　　　　　어났어요. 나도 이제 이 신발을 신고 어
　　　　　　　　　　디든 갈 수 있어요. (신발을 신고 펄쩍펄쩍
　　　　　　　　　　뛰며 춤춘다) 하나님, 감사합니다.
찬양 : '나의 발은 춤을 추며'♪

해설 : 걷지 못하는 사람이 걷게 되자 베드로와 요한 그리고 주변
　　　에 있던 많은 사람이 하나님을 찬양했어요. 그리고 걷지 못
　　　하던 사람은 하나님의 가족이 되었어요. 걷지 못하는 사람
　　　이 걷게 된 것은 예수님의 일을 하도록 하나님께서 베드로
　　　와 요한에게 능력을 주셨기 때문이에요. 우리에게도 예수
　　　님의 일을 하도록 힘을 주시는 하나님, 감사합니다. 하나님
　　　의 가족이 많아지도록 우리도 하나님의 일을 해요.

인사 나누기

우리는 하나님의 가족이에요. "○○야! 사랑해"

하고 이름을 넣어 인사합니다.

말씀 나누기 : 〈예꿈 입체그림책〉 3-7 읽기

〈예꿈 입체그림책〉 3-7과 '하나님의 일을 해요'를 읽으며, 하
나님의 가족이 예수님의 일을 하도록 도와주시는 성령님에
대해 이야기를 나눕니다.

활동 나누기 : 하나님의 가족은 서로 도와요

간식을 먹기 전에 물휴지로 간식 놓을 자리를 함께 닦으며 간
식을 준비합니다. 아픈 친구를 위해 기도도 하고, 엄마의 어깨
를 주물러 드리기도 합니다.

간식 나누기

간식 기도를 하고 간식을 나누어 먹습니다. 간식을 준비하거
나 정리하는 것도 서로 도우며 할 수 있는 일입니다. 간식
먹은 자리도 함께 정리합니다.

축복 기도 성령으로 하나 된 가족이 함께 손을 잡고 기도
합니다.

사람들을 돕는 기도, 아이와 함께해요

아프거나 도움이 필요한 사람들을 위해 기도해 보세요.

"하나님, 우리 할머니 감기 빨리 낫게 해 주세요. 우리
할머니를 건강하게 해 주세요. 예수님 이름으로 기도합
니다. 아멘."

도움이 필요한 사람들을 만나게 될 때, 아이와 함께 기도
해 보세요.
기도 제목이 기억나도록 사진이나 그림을 이용하면 더 좋
아요. 기도는 사람들을 돕는 훌륭한 출발점이 됩니다.

⇨ 빈 부분에 맞는 모양의 색종이를 찾아 붙이세요. (모양 종이는 미리 준비해 주세요.)

8과 서로 돌보아 주어요

본문 | 사도행전 9:32-42 · 포인트 | 우리는 서로 돌보는 하나님의 가족이에요.

암송 | 오직 성령이 너희에게 임하시면 너희가 권능을 받고 예루살렘과 온 유대와 사마리아와 땅끝까지 이르러 내 증인이 되리라. 사도행전 1:8

말씀 길잡이

교회는 그리스도의 몸으로 주님을 위해서 이 땅을 섬깁니다. 따라서 모든 교회의 일원들은 크든 작든 예수님의 종으로서 이 땅에서 예수님의 일을 하도록 부르심을 받았습니다. 어떤 사람들은 교회 안에서 중요한 일들을 담당하도록 부르심을 받았고, 어떤 사람들은 교회 밖에서 큰 일을 하도록 부르심을 받았습니다. 우리의 역할이 무엇이건 주님은 우리 각자에게 우리의 역할을 잘 해낼 수 있는 은사들을 주셨습니다.

도르가는 뛰어난 예수님의 종이었습니다. 그녀는 '선행과 구제하는 일이 심히 많았습니다'(행 9:36). 그녀의 은사는 사람들의 필요를 공급하는 것, 특히 너무나 가난한 과부들에게 옷을 만들어 주는 것이었습니다. 그녀는 성령께서 주신 재능을 사용하여 부르신 소명을 행하는 것으로 하나님께서 주신 은혜의 감격에 응답했습니다.

이것이 도르가의 죽음이 사람들에게 비극이었던 이유입니다. 도르가는 가난한 사람들의 생명줄과도 같았습니다. 슬픔에 빠져, 사람들은 베드로에게 "지체 말고 오라"(행 9:38)고 재촉했습니다. 베드로가 애니아를 낫게 했다는 소문을 들었던 때문이었을까요?(32-35절) 사람들이 베드로가 그보다 더한 기적을 일으키기를 기대했을까요? 그렇지는 않은 것으로 보입니다. 이미 도르가의 시신을 묻을 준비를 했기 때문입니다(37절). 그들은 그저 베드로가 장례식을 주관하거나 사람들을 어떤 다른 방법으로 위로해 주기를 바랐을 것입니다.

그러나 베드로가 도착하자, 베드로는 사람을 다 내어 보내고 무릎을 꿇고 기도했습니다(40절). 그리고 베드로는 도르가에게 일어나라고 말했고, 도르가가 일어났습니다. 이 믿기지 않는 기적에 대한 설명이 이렇게 간략하게 나와 있다는 사실에 주목하십시오. 이 기적의 의미는 회중에게서 나타났습니다. 많은 사람이 이 놀라운 기적을 보고 주님을 믿게 되었습니다(42절).

이 기적은 우리 주님이 우리의 사역을 얼마나 사랑을 가지고 평가하시는지 보여 줍니다. 우리가 모두 도르가와 같이 죽음에서 다시 살아나는 경험을 하지는 못할 것입니다. 그러나 예수님은 우리의 사역을 결코 더 작게 평가하시지 않습니다. 어린이들에게 이 점을 강조하십시오.

어린이들은 어떠한 일로 교회를 섬길 수 있을까요? 어린이들은 예배를 도울 수 있습니다. 어린이들은 격려하고, 환영하고, 찬양하고, 춤추고, 기도하고, 정리하며, 다른 사람들을 북돋우는 등 여러 가지 일들을 할 수 있습니다. 기회만 준다면 말입니다. 조금만 생각해 봐도, 우리는 어린이들을 의미 있는 사역에 동참시킬 수 있습니다. 이렇게 아이들도 각자의 자리에서 잘 섬길 수 있습니다.

블록 놀이

교회를 지어요

··· 카프라 블록, 나무 블록, 다양한 사람 모형 블록

카프라 블록으로 井자 모양으로 쌓아 교회를 완성합니다. 다양한 모양의 나무 블록을 이용하여 교회를 지을 수 있습니다. 사람 모형 블록으로 교회에서 여러 가지 일을 하는 모습을 흉내냅니다.

하나님께 기도해요. 하나님께 찬양해요.
말씀을 들어요.

소꿉놀이

옷 입히기 ··· 옷, 헝겊, 손수건, 스카프, 인형 등

다양한 헝겊이나 스카프, 옷 등으로 서로 입혀 주며 따뜻하게 해 줍니다. 옷을 입고 싶어 하지 않는 아이는 인형으로 대신합니다.

미술 놀이

옷을 디자인해요

··· 3-8과 활동지, 스티커, 여러 가지 붙일 수 있는 재료 등

3-8과 활동지에 있는 옷에 다양한 무늬로 디자인합니다. 스티커나 다양한 재료를 붙여 완성합니다.

와! 알록달록 예쁜 옷을 만들었구나!

책 놀이

··· 어린이용 그림 성경책, 커다란 성인용 성경책 등

도르가 아주머니가 죽었을 때의 슬픔과 다시 살아났을 때의 기쁨을 생생하게 표현하며 성경이야기를 읽어 줍니다.

누가 도르가 아주머니를 다시 살려 주셨을까?

드라마

> 등장인물 : 아픈 사람, 아들, 이웃 사람, 도르가, 베드로
> 준비물 : 음식, 옷

도르가 : 안녕하세요? 저예요, 도르가.

아픈 사람 : 어서 오세요. 도르가 아주머니. 오늘도 또 오셨네요. 지난주에도 오셨는데···. 얘야, 아주머니에게 인사해야지?

아들 : 안녕하세요?

도르가 : 오늘은 좀 어떠세요?

아픈 사람 : 아주머니가 지난번에 끓여 주신 고깃국 먹고 많이 좋아졌어요.

도르가 : 다행이네요, 이번엔 빵을 좀 만들어 왔어요. (아이 옷을 건네며) 이 옷은 아이에게 주세요.

아픈 사람 : 어머나~ 감사해요. 몸이 아파 요리도 하지 못하고 아이 옷도 필요했는데 너무 감사해요. 도르가 아주머니는 정말 천사예요. 도르가 아주머니가 없으면 전 어떻게 살았을지···, 흑흑흑.

도르가 : 아니에요, 제가 천사라니요···. 하나님이 하신 거예요. 건강한 몸도 돈도 모두 하나님이 주신걸요. 그래서 이렇게 찾아올 수도 있고 옷이나 음식으로 예수님을 전할 수 있고요. 이웃을 사랑하는 마음을 성령님이 주셨어요. 하나님의 사랑으로 우리가 서로 돌보며 살라고요. 우리 함께 하나님께 감사하며 살아요. 예수님을 전하면서 살아요.

아픈 사람 : 네. 아주머니를 통해서 하나님의 사랑을 알게 해 주셔서 감사합니다. 하나님, 저도 아픈 사람들에게도 예수님 전하며 살게요. 그런데 도르가 아주머니도 몸조심 하세요. 많이 피곤해 보이세요.

도르가 : 저보다 아픈 사람이 있는데요. 콜록 콜록. 우리 같이 기도해요. (기도를 마친 후) 그럼 이만 다음에

또 올게요. 안녕히 계세요.

[슬픈 음악]

이웃 사람 : 들었어요? 도르가 아주머니가 죽었대요.

아픈 사람 : (놀라며) 네? 너무나 좋은 도르가 아주머니! 나에겐 천사 같은 분이셨어요…. 아픈 나를 만나러 와 주시고 맛있는 음식도, 우리 아이 옷도 만들어 주셨는데…, 흑흑흑.

이웃 사람 : 네, 제게도 이렇게 예쁜 옷도 지어 주셨는데…. 너무 슬퍼요. 흑흑흑. (베드로 급하게 등장)

아픈 사람 : 어, 베드로 선생님이 오셨군요. 선생님, 도르가 아주머니가 하나님 나라로 가셨어요.

베드로 : 너무 슬퍼하지 마세요, 성령님께서 일하실 것입니다. 모두 나가 주세요. (도르가 아주머니 앞에서 무릎을 꿇고 기도한다)하나님, 하나님의 귀한 일꾼 도르가 아주머니를 살려 주세요. 주님의 일을 위해서 할 일이 아주 많습니다. 제발 살려 주세요!

[음악– '성령이 오셨네'♬]

(이때 도르가 아주머니가 서서히 자리에서 일어나 앉는다)

베드로 : (문을 열고 나간 사람들을 향해서) 들어오세요.

도르가 : (사람들이 들어오는 것을 보고) 여러분!

아픈 사람 : 어머! 도르가 아주머니!

이웃 사람 : 도르가 아주머니 어떻게 되신 거예요?

도르가 : 하나님께서 저를 다시 살려 주셨어요! 이제부터는 주님의 사랑을 더 많이 전해야겠어요.

아픈 사람 : 정말 하나님이 살려 주셨군요! 하나님 만세!

이웃 사람 : 하나님, 도르가 아주머니를 살려 주셔서 감사해요. 저희들도 아주머니처럼 하나님의 사랑을 전하며 살겠습니다.

도르가 : 그래요, 우리 서로 도우며 살아요!

다 함께 : 우리는 모두 하나님의 가족이에요!

[찬양– '아름다운 마음들이 모여서'♬]

방긋방긋 나눔 예배

인사 나누기

검지를 흔들며 인사합니다. "○○아, 샬롬!"

말씀 나누기 : 〈예꿈 입체그림책〉 3–8과 읽기

〈예꿈 입체그림책〉 3–8과 '서로 돌보아 주어요'를 천천히 읽어 주며 '도르가는 어떻게 사람들을 도왔는지?', '도움을 받은 사람들의 마음은 어땠을지?', '베드로를 통해 도르가를 살리신 분은 누구신지?' 나누어 봅니다.

간식 나누기

물티슈로 손을 닦고 식탁보를 깐 뒤, 간식을 준비합니다. 간식을 먹는 동안 부모님은 오늘 영아부 예배의 은혜와 일주일간 아이들과 함께했던 생활 예배 이야기를 나눌 수 있습니다.

활동 나누기 : 나는 도르가

→ 소포지, 리본 끈, 펀치, 가위, 스탬프, 스티커 등

소포지를 구긴 후에 옷 모양으로 오려서 옷 라인을 따라 펀지를 뚫어 준비합니다. 펀치 구멍에 리본 끈으로 꿰어서 연결하고 스탬프나 스티커로 꾸밉니다. 예쁘게 만들어서 친구에게 선물합니다.

축복 기도

우리 아이들도 도르가처럼 친구를 도와주는 아이로 자라도록 축복하며 기도해 주세요.

반짝반짝 생활 여[…]

사랑을 나누는 일, 아이와 함께해요

도움이 필요한 사람들을 위해 아이와 함께 기도하다가 멋진 생각이 떠오른다면 지체하지 말고 실천해 보세요.

1. 감기로 고생하시는 할머니께 안부 전화하기
2. 할아버지께 사랑의 카드 보내기
3. 가난한 나라 아이들을 위해 저금하기
4. 갓 태어난 동생 때문에 힘들어하는 친구 초대하기

성령님이 주시는 아이디어를 따라 아이와 함께 사랑을 나누어 보세요.

⇨ 이 옷이 필요한 사람을 생각해 보고 멋지게 꾸며 보세요.

9과 하나님께 순종한 다니엘과 친구들

본문 | 다니엘 1장 **· 포인트 |** 하나님께서 다니엘과 친구들을 건강하게 지켜 주셨어요.

암송 | 여호와께서 너를 지켜 모든 환난을 면케 하시며 또 네 영혼을 지키시리로다. 시편121:7

말씀 길잡이

하나님께 순종하기에 이미 너무 늦어 버린 때가 있을까요? 하나님께서 우리에게 실망하셔서 우리를 실패한 인생 가운데 홀로 두셨기 때문에 우리 스스로 우리 인생을 헤쳐 나가야 하는 순간이 있을까요? 그런 순간은 절대 오지 않습니다! 하나님께서 다니엘과 세 친구에게 하셨던 일을 묵상하면, 하나님께서 우리에게 주시는 기쁨의 메시지를 발견할 수 있습니다. 하나님께 순종하는 삶이란 결코 쉬운 것이 아닙니다! 이스라엘 사람들은 지속적으로 하나님께 불순종했습니다. 그들에게는 엄중한 경고가 필요했습니다. 그래서 하나님께서는 바벨론이 이스라엘을 쳐서 이스라엘 백성들이 쫓겨나도록 하셨습니다. 이제 다니엘과 세 친구는 타국 땅에서 사랑하는 사람들과 헤어져 그들의 문화와 하나님의 성전으로부터 고립된 채 살아갈 수밖에 없게 되었습니다.

하나님께서는 우리가 어떤 일을 저질렀든 간에 우리를 절대 버리지 않으십니다. 하나님께서는 우리가 방황할 때에도, 하나님에게서 멀리 떨어져 있다고 생각할 때에도 항상 우리와 함께 계십니다. 하나님께서는 다니엘과 다니엘의 세 친구와 항상 함께하셨고, 낯선 곳에서도 그들이 하나님을 섬길 수 있는 방법을 예비하셨습니다.

포로 신분의 다니엘과 친구들이 어떻게 왕의 하인과 조언자로서 바벨론의 상류층 자제들만을 위한 훈련 과정에 들어가게 되었는지를 살펴보기 원합니다. 다니엘과 친구들은 가장 좋은 교육을 받았고, 가장 좋은 음식을 공급받았습니다. 그러나 여기서 그들에게 중요한 문제가 야기됩니다. 그들에게 제공되는 음식 중의 많은 부분이 고기인데, 그 고기들은 유대인의 율법에 맞는 정결한 음식이 아니었던 것입니다. 그 음식들은 구약에 의해서 명백하게 먹지 못하도록 금지된 것이었거나 이스라엘 사람들이 먹을 수 있도록 율법적인 방법으로 합당하게 준비된 음식이 아니었던 것입니다. 다니엘과 친구들은 자신들은 채소와 물만 먹을 수 있게 해 달라고 담대하게 청합니다. 유대인의 율법에 허락된 음식만 먹을 수 있도록 한 것입니다. 하나님께서는 믿음으로 순종한 다니엘과 친구들을 축복하셨습니다. 하나님께서는 그들을 놀랍도록 강건하게 하셨을 뿐만 아니라 그들을 축복하시고, 성공하도록 하셨습니다. 하나님께서는 이 네 젊은이에게 지식을 얻게 하시고, 문학과 학문에 능통하게 하셨습니다.

우리의 현실에서 하나님의 뜻에 순종하기란 쉽지 않습니다. 그러나 다니엘과 세 친구처럼 하나님께 순종하는 것이 삶을 살아가는 가장 좋은 방법이라는 것을 깨달아야 합니다. 그것은 하나님께 순종하는 것이 옳은 일이기 때문만이 아니라, 하나님께 순종하는 것이 가장 현명한 방법이기 때문입니다. 그리고 언젠가 하늘나라에 들어가서 뿐만 아니라, 지금 현재의 삶에서도 하나님께 순종하는 것이 가장 좋은 삶의 방법입니다. 하나님의 축복으로 말미암아 우리는 더욱더 행복하고, 건강하고, 의미 있는 삶을 살 수 있습니다. 우리의 순종으로 인해 우리가 어려움에 부딪힌다 해도 말입니다. "하나님께서 우리 편이시면, 누가 우리를 대적하겠습니까?"(롬 8:31)

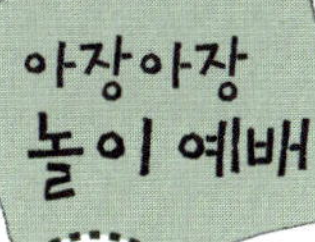

블록 놀이

친구를 찾아 주세요 ···› H 블록

같은 색깔의 블록을 한 줄이나 여러 줄로 붙여 쌓아 봅니다. 같은 색깔의 블록을 찾으면서 색깔 이름을 정확히 말해 줍니다. 다양한 모양으로 블록을 쌓을 수 있도록 격려해 주세요.

같은 색깔의 친구를 모아 볼까?
파란색 친구들이 많이 모여 있구나!

소꿉놀이

인형 놀이 ···› 다양한 인형, 소꿉놀이 세트

다양한 인형을 준비하여 인형 놀이를 합니다. 놀이터에서 놀거나 교회에 가는 모습을 표현하며 놀이합니다.

너하고 나는 친구 되어서 사이좋게 지내자!
새끼손가락 고리 걸고 꼭꼭 약속해!♫

미술 놀이

다니엘의 멋진 친구들! ···› 예꿈 3-9과 활동지, 가위, 풀

예꿈 3-9과 활동지를 접어 오린 후에 다니엘의 친구들의 얼굴을 그립니다.

다니엘과 친구들이 모두 모였구나!

책 놀이

···› 어린이용 그림 성경책, 커다란 성인용 성경책 등

다니엘과 세 친구 이야기를 인물별로 다양한 목소리를 내며 읽어 줍니다. 아이들이 하나님께 순종하는 다니엘과 친구들의 마음을 느껴 보도록 합니다.

드라마

등장인물 : 다니엘과 세 친구, 왕의 신하
PPT 그림 : 똑똑해 보이는 사람 2명, 얼굴 광채 없는 사람 3명
준비물 : 많은 책, 고기, 물, 채소
배경 : 식탁, 조명

('친구야 나는 너를 사랑해'♫ 찬양하며 등장)

다니엘 : 난 하나님께 순종하는 다니엘이에요. 하나님의 말씀에 언제나 "네!" 하고 순종하지요. 나에게는 하나님께 순종하는 세 명의 친구가 있어요. 내 친구들을 소개할게요.

친구1,2,3 : 샬롬~! 우리는 다니엘의 친구에요.

다니엘 : 나와 내 친구들은 바벨론에 포로로 잡혀왔지만 하나님만 사랑하고 하나님께만 순종하는 지혜로운 사람이에요. 그런데 큰일 났어요. 왕의 신하가 우리를 찾아왔어요.

왕의 신하 : 왕께서 나에게 명령하셨다. 모든 사람들은 왕이 명령한 것을 반드시 따라야 한다. 알겠느냐!

다니엘과 세 친구 : 네!

왕의 신하 : 똑똑하고 지혜롭고 얼굴도 잘생긴 사람을 골라 왕궁으로 데리고 가야하는데 누구를 데리고 가지? 고민이다, 고민이야. (PPT 똑똑해 보이는 사람 그림을 보며) 그래, 여기 똑똑한 사람이 있군! (고개를 갸우뚱하며) 그런데 뭔가가 좀 부족해. 지혜로워 보이지도 않고, 잘 생긴 얼굴도 아니고…, 이런 사람을 데리고 가면 왕께 야단맞을 거야.

다니엘과 친구들 : (총명한 모습으로) 하나, 둘, 셋… 천!

왕의 신하 : (다니엘과 친구들을 보며) 왕궁에 데려갈 사람들을 찾았다. 똑똑하고 지혜롭고 잘생긴 사람이군! 너희는 이제부터 왕궁에서 살게 될 것이다.

다니엘과 친구들 : (왕의 신하를 따라가며) 왕궁은 어떤 곳일까? 왕궁에는 맛있는 음식도 많겠지?

왕의 신하 : (많은 책과 고기 요리가 놓인 식탁) 이제부터 다니엘과 세 친구들은 여기 있는 이 책들을 모두 읽어야 하며 매일매일 맛있는 고기 음식을 먹어야 한다. 알겠느냐?

다니엘 : (깜짝 놀라며)네? (친구들과 이야기를 한다)

친구들 : 저 고기는 우상에게 바쳤던 음식이야.

다니엘 : 맞아, 하나님께서 먹지 말라고 하신 음식이야.

세 친구들 : 우상에게 바친 음식은 먹을 수 없어.

('우유 송'🎵 후렴에 맞춰) '우상에게 바친 고기 정말 싫어요. X2 우상에게 바친 음식 세상에서 제일 싫어!'🎵

다니엘과 친구들 : 우리에게는 물과 채소만 주세요.

왕의 신하 : 뭐라고? 물과 채소만 달라고! 안 된다! 너희들은 고기를 먹고 살쪄야 한다.

('우유 송'🎵)'당근 좋아 오이 좋아, 채소 주세요! (더 주세요!) 하나님이 주신 채소 세상에서 제일 좋아!'🎵

다니엘 : 열흘 동안 고기를 먹은 사람들과 물과 채소만 먹은 우리들을 비교해 보세요.

왕의 신하 : (고민하며) 그래, 물과 채소만 먹어 보아라.

(책상에 있던 고기 음식을 치우고 물과 채소로 바꾼다)

다니엘과 친구들 : 감사합니다. (물과 채소를 먹는다) 우리는 하나님께만 순종하는 친구들!

(영아들에게 채소를 나눠 준다. 영아들이 먹는 동안 다니엘과 친구들은 환하고 건강한 얼굴로 분장한다)

왕의 신하 : 오늘이 열흘째 되는 날이니까 고기만 먹은 사람들과 너희들을 비교하는 날이다. 다니엘과 친구들은 앞으로 나오너라.

다니엘과 친구들 : (얼굴이 빛나 보이도록 조명) 우리는 하나님께 순종하는 다니엘과 친구들!

왕의 신하 : (PPT-광채 없는 사람 그림을 보며) 그래, 이 정도면 훌륭해. 이제 다니엘과 친구들의 얼굴을 봐야겠다. (깜짝 놀라며) 아니, 어찌된 일이야? 너희들은 물과 채소만 먹지 않았느냐?

다니엘 : 우리들은 물과 채소만 먹었지만 하나님께서 축복해 주셔서 이렇게 튼튼합니다.

왕의 신하 : 그래, 너희들이 제일 지혜롭고 튼튼하니 이제부터 왕의 일을 돕도록 하여라.

다니엘 : 하나님께만 순종했더니 하나님께서 나와 내 친구들을 축복해 주시고 높여 주셨어요. 나와 내 친구들은 언제나 하나님께만 순종할래요.

(순종할래요🎵 찬양하며 마친다)

인사 나누기

"○○아, 반가워!" 약속 손가락으로 노래하며 인사

합니다.

'새끼손가락 고리 걸고 꼭꼭 약속해!'🎵

말씀 나누기 : ⟨예꿈 입체 그림책⟩ 3-9과 읽기

⟨예꿈 입체그림책⟩ 3-9과 '하나님께 순종한 다니엘과 친구들' 이야기를 실감나게 읽어 주세요.

다니엘과 친구들은 어떤 음식을 먹었나요?

누가 다니엘과 친구들을 건강하게 지켜 주셨나요?

활동 나누기 : 하나님이 주신 음식 맛보기

… 다양한 채소, 물

다니엘과 세 친구는 왕의 음식을 먹지 않고 하나님이 허락하신 음식만 먹으며 하나님께 순종했어요. 우리도 다니엘과 세 친구처럼 하나님께서 주신 채소를 맛보아요.

다니엘과 친구들이 불렀던 찬양을 해 볼까요?

축복 기도 아이들을 꼭 안고, 다니엘과 세 친구처럼 하나님께 순종하는 사람으로 자라나도록 축복하며 기도합니다.

하나님의 법, 세상의 법

하나님은 사람을 어린 아기로 태어나게 하셨어요. 하나님은 한 아이를 위해 무조건적인 사랑을 가진 부모와 충분히 탐구할 수 있는 뛰어난 감각기관과 호기심을 충족시킬 수 있는 다양한 환경을 주셨어요.

아이는 사랑 속에서 하나님이 심어 주신 성장의 법칙에 순종합니다. 그러나 세상은 사람들에게 경쟁에서 이겨야 한다며 몰아치기도 합니다.

아이의 성공을 위한다는 세상의 법에 순종해야 할까요? 하나님의 사랑의 법에 순종해야 할까요?

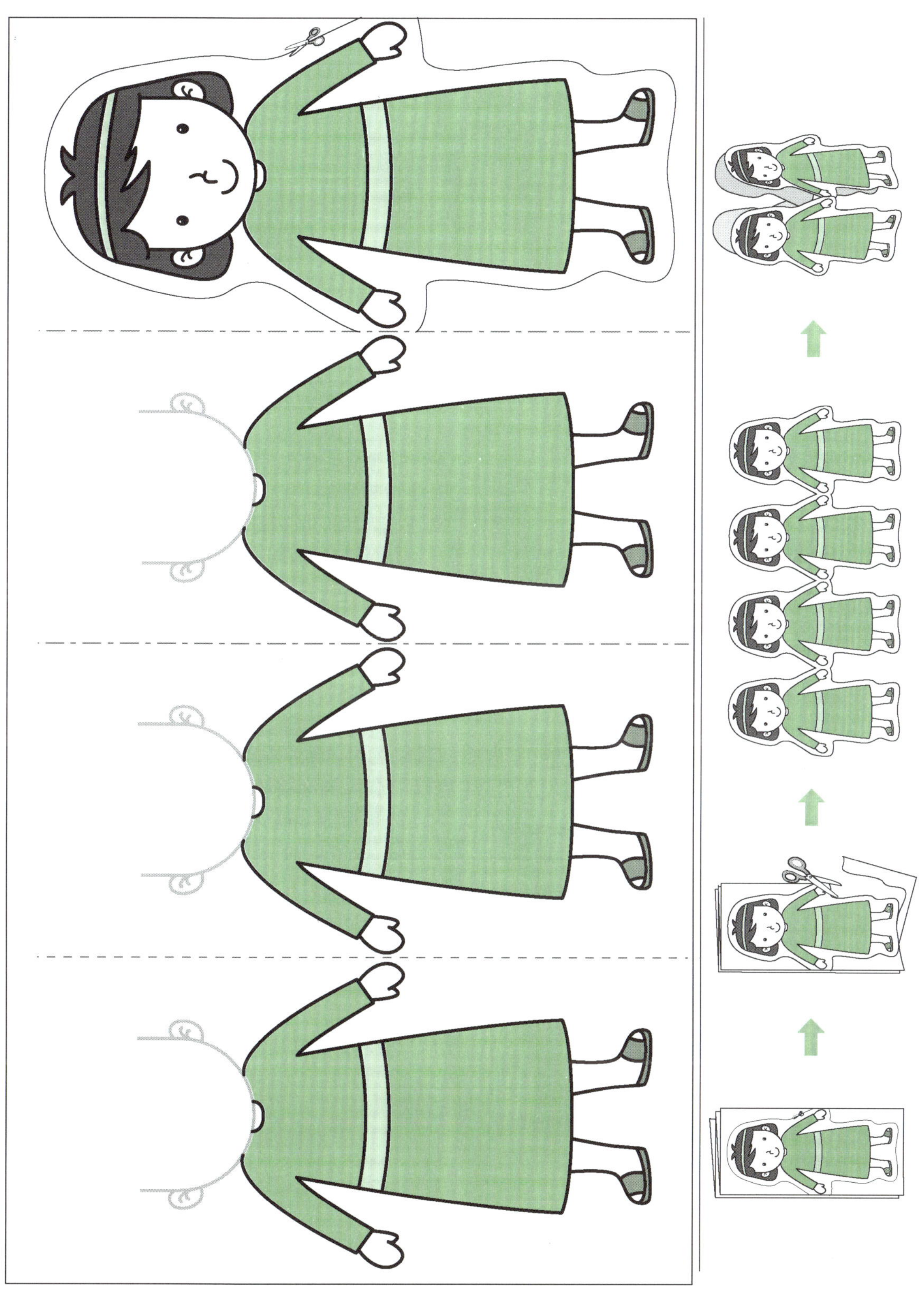

⇨ 선대로 접어서 오린 후 다니엘의 친구들 얼굴을 그려 보세요.

10과 불타는 불구덩이 속 다니엘의 친구들

본문 | 다니엘 3장 • 포인트 | 하나님께서 다니엘의 친구들을 구해 주셨어요.

암송 | 여호와께서 너를 지켜 모든 환난을 면케 하시며 또 네 영혼을 지키시리로다. 시편 121:7

말씀 길잡이

예수님의 제자들이 처음 복음을 전했을 때, 그들은 감옥에 갇히고 공공장소에서 복음을 전하지 못하도록 명령받았습니다. 그러나 베드로는 "사람보다 하나님께 순종하는 것이 마땅하다"(행 5:29)고 대답했습니다.

오늘 성경 이야기에서 다니엘의 친구들도 그와 같은 태도를 보입니다. 그들은 그들에게 적대적인 정치적, 종교적 세력과 대면하였습니다. 그들은 그들의 믿음에 반하는 행동을 하도록 명령받습니다. 그러나 그들은 사람에게 순종하기보다 끝까지 하나님께 순종했습니다.

다니엘서의 기자가 이 상황을 설명하면서 언어의 운율과 반복을 사용하고 있는 점에 주목하십시오. 느부갓네살 왕이 명령하는 장면은 아마 거의 음악과도 같이 들릴 것입니다. "방백과 수령과 도백과 재판관과 재무관과 모사와 법률사와 각 시도의 모든 관원을"(단 3:2)에 대한 긴 목록은 바로 다음 절에서 반복됩니다. 또한 "나팔과 피리와 수금과 삼현금과 양금과 생황과 및 모든 악기 소리"(5절)는 7절과 10절, 15절에서 반복됩니다. 그리고 "극렬히 타는 풀무"의 무서움에 대한 운율적인 반복이 계속됩니다. 우리는 바벨론 왕에 대한 무서운 이미지를 갖기 전에 고대 바벨론 사람들이 그들의 왕을 경배하는 음악 소리와 움직임을 상상할 수 있습니다.

느부갓네살 왕이 앞서 다니엘의 하나님을 "모든 신의 신이시요 모든 왕의 주재"(2:47)라고 인정하기는 했지만, 그는 우상숭배를 그만두지 않았습니다. 그는 여전히 자신과 자신의 신이 다른 모든 왕들과 다른 모든 신들보다 뛰어나다고 여겼습니다. 결국 누가 누구를 이겼습니까?

다니엘의 친구들은 하나님께 대한 그들의 굳은 믿음을 유지했습니다. 그들은 하나님께 명령받은 대로 우상 앞에 절하기를 거부했습니다. 그들은 "너는 나 외에는 다른 신들을 네게 있게 말지니라."(출 20:3)는 하나님께서 주신 첫 계명을 굽히지 않고 지켰습니다. 그들은 자신의 운명을 단호하게 하나님의 손에 올려놓았습니다. 그래서 그들은 담대히 풀무 속으로 나아갈 수 있었습니다.

다니엘의 친구들은 우리가 종종 이 세상을 따를 것인지, 하나님께 순종할 것인지 결단해야 하는 선택에 직면했을 때 어떤 것을 선택해야 하는지 명확하게 보여 줍니다. 세 친구들의 말에 주목하십시오. 그들은 하나님께서 그들을 극렬히 타는 풀무에서 구해 낼 것이라고 말하지 않았습니다. 물론 하나님께서 원하시면 그들을 구하실 수 있지만, 그들은 그렇지 않더라도 그들의 운명을 하나님의 손에 맡기기를 원했습니다.

블록 놀이

불타는 불구덩이 …▷ H 블록, 사람 모형 블록

H 블록을 연결하여 울타리를 만듭니다. 사람 모형 블록을 다니엘의 친구들이라고 정하고 울타리 안에 넣습니다. 불을 연상할 수 있는 색깔의 블록을 울타리 안에 쏟아 붓습니다. 아이들과 함께 기도하며 하나님의 도움을 기다립니다.

이 안에서 다니엘의 친구들이 무엇을 했을까?
우리도 함께 하나님께 기도해 볼까?
하나님께서 다니엘의 친구들을 보호해 주시는구나!

소꿉놀이

지글지글 식당 놀이 …▷ 소꿉놀이 세트, 음식 모형

소꿉놀이 세트와 음식 모형을 이용하여 음식을 만드는 놀이를 합니다. 음식을 만들 때 필요한 불은 미술 놀이를 하며 만든 불을 이용합니다.

미술 놀이

우리를 보호하시는 하나님

…▷ 빨간색 습자지나 빨간색 색종이

빨간색 습자지나 빨간색 색종이를 찢어서 위로 날리며 놀이합니다. 미리 찢어서 바구니에 넣어 두어도 좋습니다. 도화지 위에 빨간색 색종이 조각을 붙여서 불을 표현합니다.

하나님께서 다니엘의 친구들을 보호해 주시는구나!
하나님께서 우리도 보호해 주시네!

책 놀이

…▷ 어린이용 그림 성경책, 커다란 성인용 성경책, 다니엘의 친구들 이야기 등

불 속에서도 하나님의 도움을 믿는 다니엘의 친구들에 대한 이야기를 자세히 읽어 주며 하나님이 나를 보호해 주심을 느껴 보도록 합니다.

인형극

등장인물 : 다니엘, 사드락, 메삭, 아벳느고, 느부갓네살, 환관장, 신하, 해설
준비물 : 금 신상, 타악기 음향

(타악기 음향과 함께 금 신상이 무대 위로 높이 올라온다)

신하 : 바벨론의 신하들은 모두 모이시오!

(멀리서 들리는 목소리) : 느부갓네살 왕, 납시오!

느부갓네살 : (거만하게 들어온다)

신하 : 바벨론의 모든 신하들은 들으라. 이제부터 음악 소리가 들리면 왕께서 세우신 이 금 신상에 절하도록 하라. 만일 절하지 않는다면 활활 타는 불구덩이에 던져 넣을 것이다.

사드락 : 얘들아, 큰일 났다. 이제 어떻게 하지?

메삭 : 우상에게 절하면 안 되는데…. 절 안 하면 불구덩이에 던져 넣는다고 하는데…, 어쩌지?

아벳느고 : 어쩌긴? 절대로 절하면 안 돼! 자, 하나님 말씀대로 하는 거야! 알았지?

신하 : (배경 음악에 맞춰 절한다)

다같이 : 하나, 둘 셋~! (세 사람 모두 기합 소리와 함께 고개를 번쩍 들고 선다)

신하 : 아니? 너희들, 감히 왕의 명령을 듣지 않다니, 어서 절하지 못할까?

하나냐 : 왕이시여. 저희는 절대로 금 신상에 절하지 않을 것입니다.

왕 : 뭐야? 절하지 않겠다고? 불구덩이에 던져질 텐데?

사드락 : 네, 저희는 하나님께만 절할 것입니다.

왕 : 하나님? 너희들이 믿는 신이냐?

메삭 : 네, 저희는 하나님만 섬길 것입니다.

왕 : 하나님이라고? 과연 하나님이 저 불구덩이 속에서도

너희를 지켜 줄 수 있는지 어디 한번 보자. 여봐라!

신하 : 예!

왕 : 불을 더 뜨겁게 하여라. 그리고 이 놈들을 당장 저 불구덩이 속에 던져 넣어라!

(긴장감 도는 음악)

신하 : 아이고, 뜨거워! 이렇게 멀리 서 있는데도 뜨거워서 머리카락이 다 탔네. 이놈들, 이리 와라. (세 친구를 끌고 불구덩이에 던져 넣는다) 하나 둘 셋…, 어서 들어가!

세 친구 : (차례대로 던져질 때마다 외친다) 하나님!

(음악, 불구덩이 속에 네 명의 그림자가 춤추는 것이 보인다)

왕 : 아니, 저게 뭐야. 분명히 세 명을 던져 넣었는데…. 하나, 둘, 셋… 네엣? 왜 네 명이 됐지? 저건 도대체 누구냐? 그리고 저 뜨거운 불 속에서 다들 안 죽고 춤을 추고 있잖아?

신하 : 아니! 진짜 그렇습니다. 제가 분명히 세 명을 넣었는데…, 불이 안 뜨거운가? (손을 살짝 대어 보며) 앗, 뜨거! 나는 뜨거운데, 쟤네들은 뜨겁지 않은가 봐?

왕 : (떨리는 목소리로) 높으신 하나님의 종 사드락, 메삭, 아벳느고야! 어서 밖으로 나와라.

(세 친구, 불속에서 걸어 나온다)

신하 : (놀라며) 왕이시여, 뜨거운 불 속에 들어갔었는데 옷도 멀쩡하고 머리털 하나 타지 않았습니다.

왕 : 하나님께서는 정말 대단한 분이구나! 불 속에서도 지켜 주시다니! 이 세 사람은 하나님만을 믿고 하나님께만 절하기 때문에 하나님께서 천사를 보내신 것이 틀림없다. 허허허. 내 말을 잘 들어라. 이제부터 이 나라에서 사드락, 메삭, 아벳느고가 믿는 하나님께 함부로 하는 자는 크게 혼을 내 줄 것이다. 알겠느냐?

신하 : 예!

(순종하며 살아요 🎵 찬양)

방긋방긋 나눔 예배

인사 나누기

"하나님께서 지켜주셨어요!"라고 말하며, 서로 주먹을 마주치며 인사합니다.

말씀 나누기 : 〈예꿈 입체 그림책〉 3-10과 읽기

아이들에게 〈예꿈 입체그림책〉 3-10과 '불타는 불구덩이 속 다니엘의 친구들'을 실감나게 읽어 주세요.

뜨거운 불 속에서 세 명의 친구들은 어떻게 되었나요?
하나님께서 순종하는 친구를 지켜 주셨어요.
(아이들 귀에 속삭입니다)

활동 나누기 : 불구덩이 속 세친구

⋯ 3-10과 활동지, 빨간색 종이컵, 빨간색 색종이, 나무젓가락(하드 막대), 가위, 풀

빨간색 색종이를 불꽃 모양으로 오려서 종이컵 윗부분에 돌려가며 붙입니다. 3-10과 활동지의 세 친구를 색칠하여 오린 후 접어 나무젓가락에 붙입니다. 종이컵 바닥에 구멍을 뚫어 나무 막대를 꽂고, "하나님께서 지켜주셨어요!"라고 외치며 막대를 위로 올리며 놀이합니다.

간식 나누기

간식을 먹기 전 물휴지로 손을 닦고 식탁보를 깐 뒤, 간식을 준비합니다. 간식 기도를 하고 친구와 함께 간식을 나눕니다. 간식을 먹는 동안 부모님은 오늘 영아부 예배의 은혜와 일주일간 아이들과 함께했던 생활 예배 이야기를 나눌 수 있습니다.

축복 기도 하나님의 천사가 다니엘의 친구들을 보호하셨듯이 아이들을 꼭 안고 축복하며 기도합니다.

반짝반짝 생활 예배

짝짝짝 쿵쿵쿵~ 하나님이 다스려요

다니엘의 이야기를 읽고 하나님을 찬양해 보세요.
생활 속의 리듬악기를 찾아보세요.
플라스틱 통과 나무젓가락으로 북을,
숟가락 두 개로 리듬 막대를,
작은 통에 쌀을 담아 마라카스를,
다양한 소리로 하나님을 찬양해요.

하나님이 다스려요! (짝짝짝 쿵쿵쿵)
하나님이 함께해요! (챙챙챙 챙챙)
하나님은 왕이에요! (짝짝짝 쿵쿵쿵)
나도 순종할래요! (챙챙챙 챙챙)

11과 느부갓네살 왕과 다니엘

본문 | 다니엘 4장 · 포인트 | 하나님께서는 느부갓네살 왕에게 순종을 가르치셨어요.

암송 | 여호와께서 너를 지켜 모든 환난을 면케 하시며 또 네 영혼을 지키시리로다. 시편121:7

말씀 길잡이 오만하며 우상을 숭배하던 왕이 공식적으로 내린 조서가 하나님의 거룩한 성경책에 실리게 되었습니다(단4:1). 느부갓네살 왕은 무자비하게 이스라엘 백성을 약속의 땅에서 흩어 버렸습니다. 그러나 그는 하나님께서 자신을 하나님의 말씀을 전하기 위한 메신저로 쓰시는 것은 막지 못했습니다. 느부갓네살 왕은 하나님의 징계를 받고, 하나님께서 이 땅 위에 있는 모든 사람들과 왕인 그 자신마저 다스리시는 분임을 겸손하게 인정하게 됩니다.

이 모든 것은 느부갓네살 왕의 조언자들을 쩔쩔매게 하였던 꿈으로부터 시작됩니다. 그들은 결코 왕의 꿈을 해석할 수가 없었습니다. 그 꿈은 왕을 두렵게 만들었습니다(4절). 그는 절망에 빠져서 다니엘을 부릅니다. 이제는 다니엘이 두려워할 차례였습니다(19절). 다니엘은 이 꿈이 하나님께서 느부갓네살 왕에게 내리는 엄중한 심판임을 깨닫습니다. 만일 자신이 느부갓네살 왕에게 사실을 말한다면, 아마도 왕은 꿈을 해석한 사람을 죽여 버릴 것입니다. 다니엘은 감히 나서서 꿈을 해석하기 전에 많은 것들을 생각하고 결단해야 했습니다.

이 꿈은 계속해서 하나님께서 느부갓네살 왕을 치실 것임을 예언합니다. 왕은 제정신이 아닌 상태로 권력에서부터 밀려나서, 그가 다스리던 모든 사람들로부터 쫓겨날 것입니다(4:28). 그는 짐승과 같이 되어, 풀을 먹으면서 야생에서 살게 될 것입니다. 그러나 하나님께서는 자비한 분이기도 합니다. 나무의 그루터기가 보존되었다는 것은 다시 자랄 수 있다는 것을 의미합니다. 왕이 하나님께서 주시는 말씀을 듣고 깨달은 후, 하나님께서는 느부갓네살 왕을 회복시키실 것입니다. 또한 느부갓네살 왕은 마침내 그가 이스라엘의 하나님께 속해 있으며, 하나님이야말로 오직 찬양받기에 합당하신 분이라는 것을 인정하게 될 것입니다. 느부갓네살 왕은 자신의 모든 권력이 하나님께로부터 나온다는 사실을 받아들였습니다.

하나님께서는 하나님을 경배하는 자들을 다스리십니다. 그러나 하나님께서는 또한 하나님을 부인하는 자들도 다스리십니다. 우리는 다른 어떤 권력이나 세상의 궁극적인 종말에 대해 걱정할 필요가 없습니다. 하나님께서 모든 것을 다스리고 계시기 때문입니다. 왕이신 예수님께서 하나님의 오른편에 앉아 계시고, 이 땅 위의 모든 나라들은 이미 예수님의 통치 아래에 있습니다. 우리가 아직 깨닫지 못했을 수도 있고, 세상도 아직 깨닫지 못했을 수도 있습니다. 그러나 이것은 사실입니다. 우리들은 히틀러 치하의 독일이나, 공산주의의 철의 장막조차 우리 주 예수 그리스도의 영광스럽고 부드러운 통치에 의해서 와해된 것에 대해 간증할 수 있습니다. 아마 그들도 느부갓네살 왕과 같이 그들 자신 중의 누군가로부터 이 메시지를 듣는다면 그 의미를 이해할 수 있을 것입니다.

미술 놀이

순종 장갑 ···▸ 3–11과 활동지, 풀, 색연필

3–11과 활동지에 있는 그림을 색칠하고 접어서 풀로 붙인 후 인형 장갑을 완성합니다. 손에 인형 장갑을 끼고 질문에 '네! 네!' 하고 대답하며 손을 움직여 고개를 숙이게 합니다.

하나님께 순종해요! 네! 네!
하나님께 예배해요! 네! 네!
하나님께 기도해요! 네! 네!
하나님께 찬양해요! 네! 네!

블록 놀이

높으신 하나님 ···▸ H 블록

H 블록을 이용하여 높은 탑을 쌓아 보도록 합니다. 그 위에 십자가 모양의 표시를 붙입니다.

점점 높아지네!
제일 꼭대기에는 하나님이 계시는구나!

소꿉놀이

하나님께 순종해요

···▸ 손가락 인형 또는 미술 놀이에서 만든 '순종 장갑'

손가락 인형이나 순종 장갑을 끼고 찬양하며 놀이합니다.

'순종하며 살래요'♬

난 장갑을 끼는 것만으로도 너무 재미있어요.

책 놀이

···▸ 어린이용 그림 성경책, 커다란 성인용 성경책, 다니엘 성경 이야기 등

느부갓네살 왕의 꿈에 대해 담대하게 말하는 다니엘의 모습을 자세히 표현하면서 성경 이야기를 읽어 줍니다.

동화 구연

세상에서 자신이 제일 높고 위대하다고 생각하는 무서운 왕이 있었어요.
왕의 이름은 느부갓네살이에요.
하루는 느부갓네살 왕이 이상한 꿈을 꾸었어요.
한 나무가 자라서 점점 더 튼튼해지고 높아지더니 하늘까지 닿았어요.
맛있는 과일들이 주렁주렁!
수많은 동물이 나무 그늘에서 쉬기도 하고 짹짹 새들은 나뭇가지에 집을 지었어요.
와우! 정말 아름다운 나무예요.
그런데 하늘에서부터 누군가가 나타나서 말했어요.
"나무를 잘라라!"
그러자 높이 자라 하늘까지 닿았던 나무가 '뚝' 하고 잘라졌어요.

느부갓네살 왕은 잠에서 깨어 벌떡 일어났어요. 그리고 고개를 갸우뚱! 거리며 말했어요.
"이상하다, 정말 이상해. 무슨 꿈일까? 아, 궁금하구나."
왕은 바빠졌어요.
"똑똑하고 높은 사람들을 모두 불러와 내 꿈의 내용이 무엇인지 말하도록 해라!"
하지만 꿈 내용을 아는 사람이 아무도 없었어요.

느부갓네살 왕은 더욱더 궁금해졌어요. 그리고 하나님께 순종하는 다니엘을 불렀어요.
"다니엘아, 이 무서운 꿈이 무엇인지 나에게 말해 다오."
하나님께 순종하는 다니엘은 왕에게 말해 주었어요.

"높게 자란 아름다운 큰 나무는 왕입니다. 왕께서는 스스로 매우 똑똑하며 위대하고 하나님보다 더 높은 왕이라고 생각하십니다. 그러나 온 세상을 다스리시며 가장 높은 분은 하나님이십니다. 커다란 나무가 잘려진 것처럼 왕은 궁전에서 쫓겨나 들판에서 동물처럼 살게 됩니다. 왕은 그곳에서 하나님께서 이 세상을 다스리신다는 사실을 배우게 될 것입니다."

다니엘이 말한 것처럼 왕은 궁전에서 쫓겨났어요.
왕은 들판에서 소처럼 풀을 뜯어먹고 머리카락도 길어져 짐승처럼 살았어요.
시간이 지나면서 왕은 깨달았어요.
"하나님이 세상에서 제일 높아! 하나님이 세상에서 제일 위대해!"
들판에서 느부갓네살 왕은 하나님을 찬양했어요.

하나님께서 느부갓네살 왕을 다시 궁전에 돌아와 살게 하셨어요.

하나님께 순종한 다니엘과 느부갓네살 왕처럼 우리도 하나님께 순종하며 찬양해요.

인사 나누기

'친구들 샬롬' ♬ 찬양을 부르며 검지를 흔들어 인사합니다.

말씀 나누기 : 〈예꿈 입체그림책〉 3-11과 읽기

〈예꿈 입체그림책〉 3-11과 '느부갓네살 왕과 다니엘'을 실감나게 읽어 주세요. "하나님께서는 가장 크신 분이야!"라고 이야기하며 손을 크게 벌려 크신 하나님을 표현해 주세요.

왕보다 더 크신 분은 누구일까?
세상을 다스리시는 분은 누구일까?

활동 나누기 : 가장 크신 하나님

… 낙하산 천 혹은 넓은 천

넓은 낙하산 천을 중간에 펼쳐 놓고 가장자리를 함께 잡습니

다. '내 하나님은 크고 힘 있고 능 있어 못할 일 전혀 없네' ♬ 찬양을 부르며 주위를 빙빙 돕니다. 점점 작게 만들고 점점 크게 만들어 지면 "하나님은 가장 큰 왕이에요"라고 말하며 함께 천을 펄럭입니다. 부모님들이 천을 들어 올려 주면 그 아래로 아이들이 들어갑니다. "하나님은 가장 큰 왕이에요." 하고 외칩니다.

간식 나누기

물티슈로 손을 깨끗이 닦고 식탁보를 깐 뒤, 간식을 준비합니다. 매일매일 우리에게 부족함 없이 맛있는 음식을 주시며, 우리를 돌보아 주시는 하나님의 은혜를 나눕니다.

축복 기도

가장 크고 위대하신 하나님께서 자녀의 삶을 다스리시기를 축복하며 기도합니다.

아이와 함께 만드는 동화

예꿈아, 어두워지려고 해. 해님에게 물어보자.
"해님아, 해님아, 어디로 가니?"
"하나님이 집에 가라고 하셔서 집으로 가는 거야."

예꿈아, 더운 여름이 사라졌네! 여름에게 물어보자.
"여름아, 여름아, 어디로 갔니?"
"하나님이 가라고 하셔서 집으로 갔지!"

나뭇잎은 왜 노랗게 변하는지, 왜 떨어지는지,
개미들은 한 줄로 서서 어디를 가는지,
엄마는 왜 예꿈이를 사랑하는지?

하나님이 온 세상에게 어떻게 명령하시고 어떻게 다스리시는지 아이와 함께 동화를 만들며 이야기해 보세요.

3-11과. 느부갓네살 왕과 다니엘

⇨ 선대로 오리고 접은 뒤 위쪽과 옆쪽을 붙여 벙어리장갑을 만드세요. (둥근 선은 접은 뒤 자르면 편리합니다.)

12과 사자 굴속의 다니엘

말씀 길잡이 다니엘은 이제 느부갓네살 왕을 위한 조언자이자 통치자가 되었습니다. 그리고 다리오 왕이 통치할 때에는 이전보다 더 높은 지위를 가지게 되었습니다. 다니엘이 너무나도 승승장구하고 있었기 때문에 다니엘의 동료들은 다니엘을 질투했습니다. 그들은 다니엘을 무너뜨릴 계획을 꾸몄습니다. 그러나 그들은 "능히 아무 틈, 아무 허물을 얻지 못하였으니 이는 그가 충성되어 아무 그릇함도 없고 아무 허물도 없기"(단 6:4) 때문이었습니다. 그들이 다니엘의 약점을 발견하려 했을 때, 찾을 수 있는 가능한 부분은 오직 하나님께 대한 다니엘의 굳은 헌신뿐이었습니다(6:5).

이 관리들은 아첨을 하면 무엇이든 얻을 수 있다는 것을 알고 있었습니다. 그들은 다리오 왕에게 모든 신하들이 오직 다리오 왕에게만 30일 동안 기도하게 하는 새로운 칙령을 만들게 합니다. 그 당시의 여러 문화가 그들의 왕을 신격화했기 때문에 이 제안은 상당히 합리적인 것처럼 보였습니다. 다리오 왕은 자만심에서 비롯된 특권으로 인해서 자신의 좋은 친구인 다니엘이 사형 선고를 받게 되는 결과가 오리라고는 전혀 생각지 못했습니다.

이러한 어려운 상황에도 불구하고 다니엘은 여전히 하나님께 드리는 기도를 계속했습니다. 여기서 어린이들이 잘못 이해하지 않도록, 다니엘이 결코 왕에게 반역을 하거나 반항을 한 것이 아니라는 것을 설명해 주십시오. 다니엘은 단지 하나님의 명령에 순종했을 뿐이었습니다. 그는 평소대로 "예루살렘으로 향하여"(6:10) 기도했습니다.

다니엘의 적들은 기뻐하면서 다니엘을 왕에게 고발했습니다(6:13-14). 다리오 왕은 자신이 만든 칙령의 덫에 스스로 걸리고 말았습니다. 그가 아끼고 사랑하는 다니엘을 사자의 밥이 되지 않도록 구해 낼 수 있는 방법은 없었습니다. 다리오 왕은 다음날 동이 트자마자 사자가 있는 구덩이로 다시 가 보았습니다. 고뇌에 찬 목소리로 왕은 다니엘을 부릅니다. "사시는 하나님의 종 다니엘아, 너의 항상 섬기는 네 하나님이 사자에게서 너를 구원하시기에 능하셨느냐?"(6:20) 다니엘이 왕에게 대답했을 때 왕이 얼마나 놀랐을지 상상해 보십시오.

다니엘은 최선을 다해 왕을 섬겼습니다. 그러나 하나님과 왕을 섬기는 사이에서 갈등이 생겼을 때 그는 다리오 왕보다 하나님께 순종했습니다. 다니엘을 통해서 다리오 왕은 하나님의 임재와 능력에 대한 강력한 증거를 보았습니다. 그에 반응해서 왕은 자신의 관할 구역 안에 있는 모든 사람들에게 조서를 내려 "다니엘의 하나님 앞에서 떨며 두려워하라"고 합니다(6:26). 그리하여 살아 계신 하나님의 계시와 명성은 나라의 모든 사람들 가운데 퍼지고, 사람들은 다니엘보다 더 크신 분을 준비하고 기다리게 됩니다. 죽기까지 순종하셔서 십자가에서 돌아가셨던 위대하신 주님을 말입니다(빌 2:8).

블록 놀이

사자 굴 ···→ H 블록과 다양한 종류의 블록

H 블록을 연결하여 사자 굴을 만듭니다. 사자 모형 블록을 굴 안에 넣습니다. 사람 모형 블록을 다니엘이라고 정하고 굴 안에 넣으며 놀이합니다.

다니엘은 굴속에서 무엇을 했을까?
하나님, 다니엘을 도와주세요!

소꿉놀이

동물 놀이 ···→ 동물 가면이나 스카프 등

다양한 가면과 소품을 이용하여 동물 흉내를 냅니다. 큰 상자를 이용하여 울타리를 만들어 그 안에서 놀이합니다.

미술 놀이

사자 만들기

···→ 예꿈 3-12과 활동지, 색연필, 여러 종류의 종이, 풀

예꿈 3-12과 활동지의 사자 얼굴에 색칠합니다. 다양한 종류의 종이를 길게 찢어 사자 갈기처럼 붙입니다. 종이를 접었다 폈다 하면서 사자 울음소리를 흉내 냅니다.

인형극

등장인물 : 다니엘, 다리오 왕, 신하, 사자, 해설
배경 : 사자 굴

해설 : 지혜롭고 성실한 다니엘은 높은 장관이 되었어요. 다리오 왕은 지혜롭고 믿음직한 다니엘을 많이 사랑했어요. 그러자 다니엘을 미워하는 사람들이 생겨나기 시작했어요.

왕 : 여봐라! 다니엘에게 맛있는 것을 상으로 주어라!

다니엘 : 고맙습니다. 왕이시여! 사람들과 나누어 먹겠습니다.

왕 : 허허! 다니엘은 마음도 정말 착하구나. 여봐라, 다니엘에게 상을 더 주어라!

신하 : 흥! 왕은 다니엘만 예뻐하고 좋아해! 내가 반드시 다니엘의 잘못을 찾아 내서 왕이 다니엘을 미워하게 하고 말 거야! (곰곰이 생각을 하다가) 그래! 다니엘이 무얼 하고 있는지 가서 몰래 지켜봐야지!

다니엘 : (기도하며) 하나님 사랑합니다. 하나님만 섬기며 살겠습니다.

신하 : 아하! 다니엘은 하나님께 하루에 세 번씩 기도하는구나! 그래! 바로 이거야!

신하 : (왕에게 엎드려 절하며) 위대하신 다리오 왕이시여! 왕을 위해 새로운 법을 만드는 것이 어떨까요? 누구든지 30일 동안 왕에게만 절하는 것입니다. 만약 왕이 아닌 다른 신에게 절하는 사람은 사자 굴속에 던져 넣기로 하는 것입니다. (문서를 내밀며) 이 법에 도장을 찍어서 모든 백성이 지키도록 하십시오!

왕 : 나에게만 절하는 법이라고? 그거 좋구나! (문서에 도장을 찍으며) 도장을 찍었으니 모두에게 알려라!

신하 : 예! 이제부터 30일 동안 왕이 아닌 다른 신에게 기도하는 사람은 누구든지 사자 굴속에 던져 넣을 것이다! (한쪽으로 가서) 크크, 다니엘 넌 이제 끝장이다!

(음악)

다니엘 : 다른 신에게 절하면 사자 굴에 넣는다고? 어떡하지? 그래, 하나님께 기도해야겠다! (기도하며) 하나님, 하나님께 기도하는 많은 사람이 죽을지도 모릅니다. 하나님, 저희들을 지켜 주세요. 그렇지만 무슨 일이 있어도 하나님께만 기도할 것입니다.

신하 : (몰래 숨어 보다가) 걸려들었다! 왕이시여~ 다니엘 좀 보십시오. 다니엘이 왕의 명령을 지키지 않았습니다.

왕 : (매우 놀란 소리로) 뭐라고? 다니엘이?

신하 : 왕이시여! 하나님께 기도한 다니엘을 어서 사자 굴에 넣으십시오.

왕 : (매우 걱정스런 목소리로) 이 이일을 어쩌지? 다니엘이
　　　사자 굴에 들어가야 한다고? 내가 사랑하는 다니엘
　　　을 사자 굴에 넣어야 하다니~ 사자 굴에 들어가면 분
　　　명히 사자에게 잡아 먹혀 죽을 텐데….

신하 : 왕이시여~ 어서 명령을 내려 주십시오.

왕 : 내가 내 손으로 다니엘을 죽이다니…, 흑흑. 그렇게
　　　하라! 다니엘, 네가 섬기는 하나님이 너를 구원해 주
　　　실 것이다.

신하 : (다니엘을 굴속에 넣는다) 자! 다니엘 어서 들어가라!

다니엘 : (굴속에 들어가며) 저를 사랑하시는 하나님, 저를
　　　　지켜 주십시오.

(조명off – 밤이 되어)

왕 : 다니엘이 사자에게 잡아먹히지 않아야 할 텐데…, 다
　　　니엘이 믿는 하나님. 다니엘을 지켜 주세요.

(조명on – 아침이 되어)

왕 : 아… 어느새 날이 밝았구나! 다니엘은 어떻게 되었
　　　지? 어서 사자 굴에 가 봐야겠구나! 다니엘아! 다니엘
　　　아! 살아 있느냐?

다니엘 : 왕이시여! 저는 이렇게 멀쩡하게 살아 있습니다.
　　　　살아계신 하나님께서 천사들을 보내 사자들의 입
　　　　을 막으셨습니다.

왕 : 오~ 다니엘이 살아있다! 어서 다니엘을 꺼내 주어라!

다니엘 : (사자 굴에서 나오며) 왕이시여, 하나님께서 저를 살
　　　　려 주셨습니다.

왕 : 얼마나 고생이 많았느냐? 네가 믿는 하나님은 참 위
　　　대하고 놀라우신 분이구나! 정말 살아 계셔서 너를
　　　구해 주셨구나! (위엄 있게) 여봐라! 다니엘을 죽이려
　　　고 한 사람들을 잡아 사자 굴에 넣어라! 이제부터는
　　　다니엘이 믿는 살아 계신 하나님께 경배하고 섬겨라!

다니엘 : 하나님, 사자 굴에서 저를 지켜 주셔서 감사해요!
　　　　언제나 하나님만 섬기며 순종할래요!

방긋방긋 나눔 예배

인사 나누기

　　　"○○아, 안녕?" 하고 부르면, "어흥!" 하고 사자 소
리로 대답합니다.

말씀 나누기 : 〈예꿈 입체그림책〉 3-12과 읽기

〈예꿈 입체그림책〉 3-12과 '사자 굴 속의 다니엘'을 실감나
게 읽어 주세요.

다니엘은 하루에 세 번 무엇을 했을까요?
사자 굴에 던져진 다니엘을 누가 보호해 주셨을까요?

활동 나누기 : 다니엘의 기도 시계

···▶ 종이컵, 가위, 사인펜, 벨크로 테이프

종이컵의 밑면을 시계의 숫자 판으로 생각하고 숫자와 시계
바늘을 그려 넣습니다. 종이컵의 옆면을 2~3cm 폭으로 잘
라 시곗줄로 만듭니다. 시곗줄 끝을 벨크로 테이프로 붙여
팔목에 찹니다.

다니엘은 하루에 세 번씩 기도했어요.
나도 다니엘처럼 시간을 정해서 하나님께 기도할래요.
나는 몇 시에 기도할까요?

간식 나누기

손을 깨끗이 닦고, 식탁보를 깐 뒤, 간식을 준비합니다.
간식을 먹는 동안 부모님은 오늘 영아부 예배의 은혜와 일주일
간 아이들과 함께했던 생활 예배 이야기를 나눌 수 있습니다.

축복 기도 자녀를 꼭 안고, 축복하며 기도합니다.

반짝반짝 생활 예배

하나님, 어떻게 할까요?

다니엘과 같은 믿음의 자녀가 되기를 바라시나요?
주님과 함께 자녀를 키우세요.
주님은 수많은 믿음의 자녀를 키워내신 분이니까요.

하나님, ○○이가 떼를 부려요. 어떻게 할까요?
믿음을 전해 주고 싶은데 어떻게 할까요?
기도를 가르쳐 주고 싶은데 어떻게 할까요?
놀이터에 가자고 고집을 부리는데 어떻게 할까요?
공부를 가르쳐야겠는데 어떻게 할까요?

주님이 이끄시는 방법으로 평안과 확신을 가지고 자녀를
양육하세요.

➪ 다양한 종이를 길게 찢어 사자 갈기처럼 붙입니다. 선대로 접었다 펴며 사자 울음소리를 흉내 냅니다.

4

1과 예수님은 베드로를 부르셨어요

본문 | 누가복음 5:1-11 · 포인트 | 예수님은 베드로를 제자로 부르셨어요.

암송 | 내가 너를 지명하여 불렀나니 너는 내 것이라. 이사야 43:1(하)

말씀 길잡이 선생으로서 예수님은 학생들을 무작정 기다리지 않으셨습니다. 그 당시 대부분의 랍비는 그저 학생들을 기다릴 뿐이었지만 예수님은 그렇게 하지 않으셨습니다. 그 대신 예수님은 여러 지방을 두루 다니며 예수님의 제자들을 찾으셨습니다. 그리고 매일의 삶을 통해 제자들을 양육하셨습니다. 예수님의 양육은 삶과 사고방식, 그리고 다른 사람들을 대하는 태도에서 근본적으로 새로운 것이었습니다.

예수님이 베드로를 부르셨을 때는 이미 설교와 치유 사역을 시작하신 후였습니다(눅 4:14-44). 사람들은 예수님 주위로 구름같이 모여들었고, 예수님의 말씀 한 마디 한 마디에 집중했습니다. 예수님의 메시지에는(눅 4:32) 사람들을 놀라게 하는 권위가 있었습니다. 사람들이 예수님의 말씀을 더 잘 들을 수 있도록 예수님은 배에 오르셔서, 물 저편에 있는 군중에게 말씀을 가르치셨습니다.

예수님이 말씀을 마치시고, 바다에 관해서는 누구보다 잘 아는 어부들에게 그들의 일에 대해 지시를 내리신 것은 다소 이상하게 보일 수 있습니다(눅 5:4). 그들은 목수에게 그러한 조언을 들은 것에 대해서 분개할 수도 있었습니다. 그러나 그들은 예수님을 존경했기 때문에 예수님의 말씀대로 하였고 곧 놀라운 일이 일어났습니다. 너무나 많은 물고기가 잡혀서 배가 가라앉을 지경이 된 것입니다.

이 부분에서 어린이들이 하나님께서 주시는 차고 넘치는 은혜를 느낄 수 있도록 도와주십시오. 예수님은 우리에게 최소한의 것만을 주시는 분이 아닙니다. 예수님은 우리가 필요로 하는 것 이상으로 차고 넘치게 우리에게 채워 주십니다. 후에 예수님이 오천 명을 먹이셨을 때, 제자들은 남은 음식을 열두 광주리나 거두었습니다(눅 9:17). 하나님께서는 예수님을 통해서 우리에게 가장 좋은 것을 주십니다.

베드로의 반응 또한 놀랍습니다. 왜 그는 자신이 죄인이라고 고백했을까요? 그가 사용한 '주'라는 용어와 두려워하지 말라는 예수님의 대답을 통해 베드로가 예수님께 경외감과 두려움을 느꼈음을 알 수 있습니다. 베드로는 이제 예수님이 그저 그런 여느 랍비가 아니시라는 것을 깨닫습니다. 그는 예수님의 신적인 거룩함을 정말 깊이 느낀 나머지 갑자기 자신의 죄와 자신이 아무 자격도 없다는 것을 깨닫게 된 것입니다. 이것은 사람들이 살아계신 하나님을 대면했을 때 보이게 되는 자연스러운 반응입니다. 그러나 이러한 깊은 자각도 베드로가 예수님의 초청에 응하는 것을 막지는 못했습니다. 야고보와 요한과 함께 그는 자신의 생업을 버려두고, 예수님을 따라 새로운 삶을 향해 떠납니다. 이제부터 그들은 더욱 의미 있고, 충만히 만족하는 고기잡이를 하게 될 것입니다. 이제 그들은 이 더러운 세상 위로 복음의 그물을 멀리 넓게 치고, 무수한 영혼을 하나님 나라의 영원한 기쁨 속으로 끌어올릴 것입니다.

블록 놀이

베드로의 배 만들기

···→ 나무 블록, 사람 모형 블록, 손수건

나무 블록으로 배의 바닥을 깔고 옆면을 세워 고기잡이배를 만듭니다. 사람 모형 블록과 손수건과 같은 천을 이용하여 바다에서 물고기를 잡거나 낚시하는 모습을 표현합니다.

영차! 영차! 그물을 던져라!
영차! 영차! 그물을 당겨라!
영차! 영차! 물고기를 잡자!

난 영아부에 처음 와서 모든 것이 낯설고 어색해요. 오늘은 구경만 하고 싶어요.

소꿉놀이

물고기를 잡아요 ···→ 물고기 모형, 보자기나 그물 같은 천

물고기 모형을 바닥에 깔아 놓고 보자기나 그물 같은 천으로 낚시 놀이를 합니다.

미술 놀이

예수님과 베드로 인형 ···→ 4-1과 활동지, 풀, 가위

4-1과 활동지의 예수님과 베드로 인형의 팔 부분을 오리고 원통으로 말아 세웁니다. 예수님과 베드로의 손을 붙이고 예수님을 따라 베드로가 움직이도록 예수님 인형을 움직입니다.

설교 시간이 되었다고 내가 만든 인형을 선생님이 빼앗아 갔어요. 계속 가지고 있고 싶어요.

책 놀이

···→ 어린이용 그림 성경책, 커다란 성인용 성경책, 베드로에 대한 성경 이야기 등

물고기를 잡지 못해 지쳐 있던 베드로에게 예수님이 나타나시고 함께하시는 장면을 읽어 주면서 예수님의 사랑을 느끼도록 합니다.

베드로가 예수님을 만났을 때 마음이 어땠을까요?

베드로의 모노드라마 (1인극)

등장인물 : 베드로 / 예수님(목소리)
준비물 : 그물, 물고기, 배, 파란 천(갈릴리 바다), 물고기 모양의 말씀 카드

(그물을 배에 걸치며 배를 서서히 이동) 나는 고기 잡는 어부예요. 매일 이 그물을 '첨벙' 하고 던져서 많은 고기들을 잡아요. 오늘은 어떤 고기들이 잡힐까요?
('고기를 잡으러 바다로 갈까요? 고기를 잡으러 강으로 갈까요? 그물에 가득히 잡아가지고서 라라라라 라라라라 온다네!'♫ 노래를 하며 그물을 바다에 던진다)

친구들도 함께해요.
그물을 던져라! (그물을 던져라!)
그물을 당겨라! (그물을 당겨라!)
어! 고기가 한 마리도 없다, 없어! (없다, 없어!)
어떻게 된 거지? 고기들이 다 어디로 갔을까요?
(고기 잡는 것을 세 번 정도 반복)
친구들, 나는 밤새도록 그물을 던졌지만 고기를 한 마리도 못 잡았어요. 잠도 못 자서 졸려요. 집에 가서 잠 좀 자고 다시 와야겠어요.

예수님(목소리) : 베드로야, 베드로야, 깊은 곳에 가서 그물을 던져라.
네? 예수님? 밤새도록 그물을 던졌지만 고기를 한 마리도 잡지 못했어요. 그렇지만 예수님의 말씀에 순종하여 그물을 던지겠어요.

친구들도 함께해요.
그물을 던져라! (그물을 던져라!)
그물을 당겨라! (그물을 당겨라!)
어! 너무 무거워서 그물을 올릴 수가 없어요.
친구들, 도와주세요.
영차, 영차! (영차, 영차!) 와~ 고기가 정말 많아요.

예수님(목소리) : 베드로야, 나를 따르라. 이제부터 사람
들에게 나의 사랑을 전해라.

네! 예수님, 예수님만 따르겠어요!
(물고기 모양 말씀 카드를 영아들에게 나누어 준다)

오늘은 예수님이 내 이름을 불러 주신 최고로 기쁜 날이
에요. 나를 부르신 예수님이 ○○도 부르셨어요. 예수님
의 사랑을 전하라고 우리 모두를 부르셨어요.

[다 함께 '예수님께서 부르셨어요'♬ 찬양]

방긋방긋 나눔 예배

인사 나누기

예수님이 베드로를 부르신 것처럼 영아들의 이름
을 불러 줍니다.
○○아, 어서 와! △△아, 반가워!

말씀 나누기 : 〈예꿈 입체 그림책〉 4-1과 읽기

〈예꿈 입체 그림책〉 4-1과 '예수님은 베드로를 부르셨어요'를
읽어 주세요. 예수님의 따뜻한 목소리로 아이들의 이름을 하나
하나 넣어서 불러 줍니다.

활동 나누기 : 대그룹 활동(예수님과 기차놀이)

마무리 할 때쯤 예수님이 각 반을 돌면서 아이들의 이름을
한 명씩 부르면 아이들이 예수님 뒤에 꼬리처럼 줄지어 서
서 예수님을 따라갑니다. 예수님을 따라가며 예수님의 제자
로서의 즐거움을 느낍니다. 교사나 부모가 어린이 뒤를 따라
가며 도와줍니다.

간식 나누기

물티슈로 손을 깨끗이 닦고, 식탁보를 깐 뒤, 간식을 준비합니
다. 간식을 먹으며 나를 부르신 예수님의 사랑과 은혜를 나눕
니다.

축복 기도 아이들의 이름을 부르며 안고 축복 기도합니다.

반짝반짝 생활 예배

예수님 따라가는 기차놀이

머플러나 부드러운 끈을 이용해 기차놀이를 해 보세요.

엄마가 앞에서 기차를 이끌며 시범을 보이는 대로 아이는
따라하지요.
예수님이 부르신다! 칙칙폭폭.
예수님을 따라가자! 칙칙폭폭.
예수님이 사랑하셔! 칙칙폭폭.
예수님을 사랑해요! 칙칙폭폭.

아이가 앞에서 기차 운전을 할 때, 엄마도 신나게 따라해
주세요. 아이들이 자라 우리보다 앞서서 예수님을 따르는
모습을 믿음의 눈으로 바라보며 마음껏 기뻐하세요.

풀
칠

풀
칠

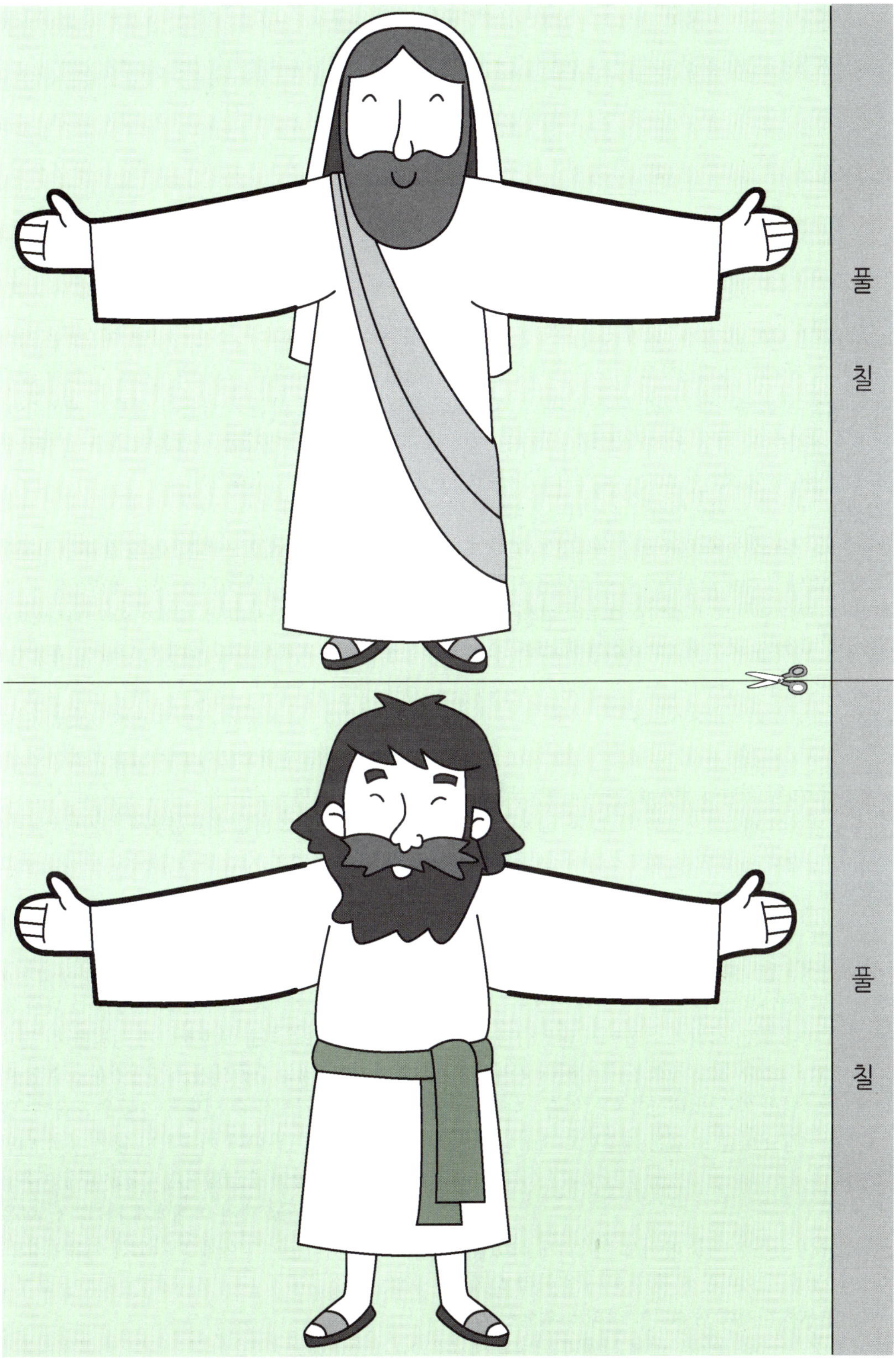

➪ 칼로 팔 부분을 오리고 원통을 만든 후 예수님과 베드로의 손을 붙이세요.

2과 예수님은 마태를 부르셨어요

본문 | 마태복음 9:9-13 · **포인트 |** 예수님은 죄인들도 제자로 부르셨어요.

암송 | 내가 너를 지명하여 불렀나니 너는 내 것이라. 이사야 43:1(하)

말씀 길잡이

베드로가 예수님께 죄를 고백한 것은 예수님의 첫 제자들이 경건하고 의로운 유대인들이 었다는 것을 보여 줍니다. 그러나 레위라고도 불린 마태의 이야기는 또 다른 이야기입니다. 마태는 예수님의 제자로 불릴 것이라고 아무도 생각하지 못했던 사람입니다. 그는 세리였습니다. 그는 유대인들이 미워하는 로마인들과 결탁해서 유대인들로 하여금 로마 황제에게 세금을 바치도록 강요했던 사람이었습니다. 게다가 그는 유대인으로부터 걷은 세금을 훔치고, 이것을 메우려고 유대인들에게 더 많은 세금을 걷었습니다. 한 마디로 그는 사람들이 모두 싫어하고 피하는 사람이었습니다.

마태는 하나님의 선택된 백성을 노예로 삼았던 이방인에게 기꺼이 협력함으로써 유대인들에게 많은 미움을 받았습니다. 종교적 지도자들이 보기에 그는 다른 어떤 사람들보다도 부정하고 거룩하지 못한 존재였습니다. 유대인의 규범에 따르면, 자신들이 거룩하려면 마태를 피하고 그와의 모든 접촉을 거부해야만 했습니다. 하나님을 두려워하는 유대인들은 결코 마태 같은 사람과 어울리지 않았습니다. 그들의 판단으로 마태는 더 이상 하나님의 자녀가 아니며, 하나님의 약속의 백성이 아니었습니다. 그는 어떠한 구원도 바랄 수 없는 저주받고 파멸된 자였습니다.

그렇지만 예수님은 마태를 불러서 회개하게 하셨습니다. 예수님은 잃어버린 자를 찾아 구원하러 오셨기 때문입니다. 이것이 예수님이 마태의 집에서 세리들과 함께 식사하신 것에 대해 불평한 사람들에게 예수님이 하신 대답이었습니다. 예수님은 자신을 사람들을 치유하러 오신 의사라고 말씀하십니다. 병을 고치려면 아픈 사람들과 함께 교제하셔야 한다는 것입니다. 건강한 사람들만 치료한다고 주장하는 의사가 어디 있을까요!

예수님은 바리새인들이 말하는 순결함과 거룩함의 개념이 완전히 잘못되었다는 것을 행동으로 보여 주십니다. 우리는 악하고 순결하지 않은 사람들과 분리됨으로써 거룩해지는 것이 아닙니다. 우리는 우리의 죄를 회개하고, 예수님의 값진 선물인 구원을 받아들이며, 이 거룩한 선물을 다른 거룩하지 못한 사람들에게도 전함으로써 예수님을 따라가면서 거룩해집니다. 하나님의 깨끗하고 순수한 사랑은 하나님의 사랑이 우리를 찾으셨듯이 우리도 하나님의 사랑을 전할 다른 사람들을 찾도록 우리를 이끄십니다.

하나님의 성령은 이 세상의 모든 악한 영보다 강합니다. 우리는 아직도 죄에 사로잡혀 있는 믿지 않는 사람들로부터 우리를 보호하고자 장벽을 칠 필요가 없습니다. 우리는 그들에게로 다가가서 그들이 어린 양의 피로 정결해질 수 있도록 그들을 도울 수 있습니다. 진정한 거룩함이 거룩하지 않은 것과 대면하면 항상 거룩함이 승리합니다. 그것이 예수님이 모든 것을 무릅쓰고 세리 마태에게 다가가신 이유이며, 또한 여러분과 저에게 다가오신 이유이기도 합니다.

블록 놀이

마태의 의자 만들기

··· 나무 블록, 사람 모형 블록, 동전

나무 블록을 이용하여 의자 모양을 만듭니다. 사람 모형 블록을 앉히고 마태처럼 돈을 세는 모습을 표현합니다. 나무 블록을 쌓아 돈을 모을 수 있는 통도 만들어 봅니다.

땡그랑땡그랑, 돈을 모으자!

소꿉놀이

은행 놀이 ··· 모형 돈, 은행 놀이나 가게 놀이 세트

은행 놀이 세트에 있는 가짜 돈을 현금 출납 상자에서 넣고 빼는 놀이를 합니다. 박스를 열고 닫을 때 '딸랑' 소리에 아이들이 즐거워하여 반복할 수 있습니다. 너무 장난스러운 분위기로 흐르지 않도록 주의하세요.

미술 놀이

점토 놀이 ··· 점토, 점토 놀이판, 점토용 놀이 세트

점토를 동그랗게 말아 김밥을 자르듯 잘라서 동전을 만듭니다. 동전 앞면과 뒷면에 점토용 도장을 찍어 꾸밉니다.

책 놀이

··· 어린이용 그림 성경책, 커다란 성인용 성경책, 마태 이야기 등

성경 이야기에 나오는 예수님이 마태를 만나는 장면을 자세히 표현하며 읽어 줍니다.

드라마

> 등장인물 : 예수님, 마태, 사람1,2,3
> 준비물 : 돈 궤, 동전, 뻥튀기

1막 : 마태가 세금을 몰인정하게 걷는 장면

마태 : (성 입구에서 돈궤를 들고 등장) 난 마태야! 난 사람들에게서 돈을 걷는 사람이야! 사람들이 나에게 돈을 내지 않고는 이 길을 지나갈 수 없지! 자, 세금을 내시오! 세금을 내시오!

사람1,2 : (지나간다)

마태 : 자, 돈을 내고 가시오! 돈을 내지 않으면 지나갈 수 없어요!

사람1 : 네? 돈을 내라고요? 여기는 우리가 매일 지나가는 길인데 왜 갑자기 돈을 내라는 거요?

마태 : 이제 앞으로는 돈을 받기로 했어요! 자자~, 어서 세금을 내시오!

사람1 : (돈을 꺼내면서) 우리 아기가 아픈데 이 돈으로는 약을 사야만 해요.

마태 : 난 모릅니다. 저는 시키는 대로 할 뿐이에요. (돈을 뺏으며) 자, 이제 가세요!

사람2 : (눈치 보며 사람1과 함께 가려고 한다)

마태 : 아니! 당신도 세금을 내시오.

사람2 : (과자를 숨기며) 저는 돈이 없어요!

마태 : 그런 건 난 모르오. 그럼 이 과자라도 내고 가시오.

사람2 : 안돼요! (빼앗기지 않으려고 잡아당기다가 결국 빼앗기고 만다)

마태 : 자! 이제 지나가시오.

사람1, 2 : (슬퍼하며 걸어 가다가 사람3을 만난다)

사람3 : 아니 무슨 일이세요?

사람1 : 우리 아기 약 살 돈밖에 없었는데…, 마태가 세금으로 뺏어 갔어요!

사람2 : 돈이 없다고 하니까 가지고 있던 먹을 것을 세금으로 뺏어 갔어요

사람3 : 마태는 정말 나쁜 사람이에요. 우리와 같은 이스라엘 사람인데 우리를 너무 괴롭히는군요! 우리 마태랑 말도 하지 말아요!

2막 : 예수님이 마태를 부르시는 장면

마태 : 자자~ 세금을 내시오. (배를 만지며) 아~ 배고파!
　　　(주위를 둘러보며)같이 밥 먹으러 갈 친구가 없을까?
　　　같이 밥 먹으러 갈 친구가 아무도 없네!

[슬픈 음악]

　　　모두 나랑 같이 밥 먹는 것도 싫어하는구나! (자기
　　　주머닛돈을 꺼내 보며) 괜찮아! 난 돈이 많으니까! 친
　　　구 없어도 돼! 나 혼자 맛있는 거 사 먹어야지!(시무
　　　룩하게 앉는다)

예수님 : (무대에 나오며) 마태야!

마태 : (놀라며) 네? 예~~수님! 예수님이 제 이름을 부르
　　　셨나요?

예수님 : 마태야, 나를 따라오렴!

마태 : 오! 예수님, 사람들은 모두 날 싫어하는데….

예수님: 이제부터 너는 하나님의 사랑을 전하는 사람이
　　　되어라!

마태 : 네? 제가요? 네! 예수님을 따라갈래요! 예수님 말
　　　씀대로 순종할래요!

[밝은 음악]

마태 : (좋아하며) 모두들 나를 싫어하는데 예수님은 저를
　　　불러 주셨어요. 내가 하나님의 사랑을 전하는 사
　　　람이 될 거래요! 정말 기뻐요. 이제 내가 빼앗았던
　　　돈도 다 돌려줄래요. 먹을 것도 나누어 주고요. (과
　　　자를 아이들에게 나누어 준다) 이렇게 기쁜 날 사람들
　　　과 예수님을 초대해 잔치를 해야겠어요! (예수님을
　　　바라보며) 예수님, 우리 집으로 가세요! 맛있는 거
　　　많이 해 드릴게요! 친구들도 모두 초대해야겠어요.

사람1,2,3 : 와! 마태가 달라졌어요! 하나님, 감사해요.

하나님 말씀을 듣는데 맛있는 과자를 받았어요. 하나님
말씀이 맛있어서 좋아요.

인사 나누기

　　　예수님이 마태를 부르신 것처럼 아이들 이름을 부르
며 인사합니다.
○○아, 어서 와! △△아, 반가워!

말씀 나누기 : 〈예꿈 입체 그림책〉 4-2과 읽기

〈예꿈 입체 그림책〉 4-2과 '예수님은 마태를 부르셨어요'를
읽어 주세요. 예수님의 따뜻한 목소리로 아이들의 이름을 하
나하나 넣어서 불러 주세요.

간식 나누기

물티슈로 손을 깨끗이 닦고, 식탁보를 깐 뒤, 간식을 준비합니
다. 간식을 먹으며 나를 부르신 예수님의 사랑과 은혜를 나눕
니다.

활동 나누기 : 마태를 부르셨어요!

⋯→ 4-2과 활동지, 풀, 잡지

4-2과 활동지의 마태의 돈 통에 잡지에서 반짝거리는 물건이
나 화려한 색깔의 사진을 찢어 붙입니다. 선대로 접어 예수님
의 손과 마태의 손이 마주닿게 하면서 "예수님께서 마태를 부
르셨어요!"라고 말합니다.

마태야, 그래도 예수님은 너를 사랑하셔!

축복 기도 아이들의 이름을 부르며 축복 기도합니다.

우리 아이를 초대하신 예수님

예수님은 우리 아이를 큰 잔치에 초대하셨어요.
끝없는 사랑과 변함없는 용서,
풍성한 은혜와 영원한 도우심을 약속하시는 잔치이지요.
예수님의 초대를 매일매일 아이에게 들려주세요.
성경 이야기를 들려줄 때마다
예수님의 초대를 함께 말해 주세요.

"하나님이 다니엘을 지켜 주셨구나!
우리 ○○이도 지키신단다."
"예수님이 마태를 부르셨구나!
우리 ○○이도 부르신단다."

4-2과. 예수님은 마태를 부르셨어요

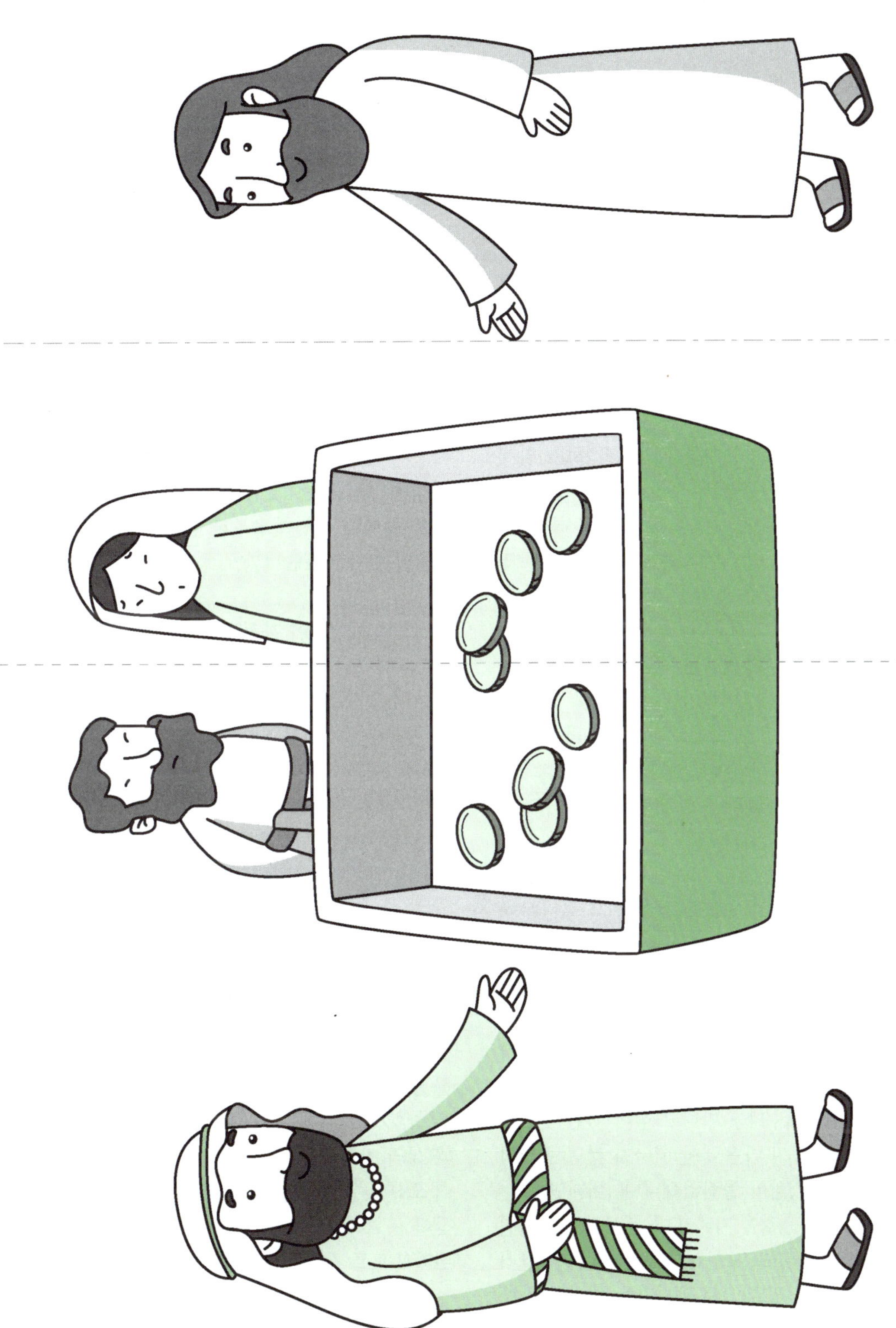

⇨ 잡지에서 오린 반짝이는 물건을 돈 통에 붙이고 선대로 접었다 펴며 이야기를 나누세요.

3과 예수님은 삭개오를 부르셨어요

본문 | 누가복음 19:1-10 · **포인트 |** 예수님은 삭개오를 예수님의 친구로 부르셨어요.

암송 | 내가 너를 지명하여 불렀나니 너는 내 것이라. 이사야 43:1(하)

말씀 길잡이

예수님이 그 당시 사람들로부터 미움을 받던 세리와 함께 교제하신 것은 순간적인 행동이 아니었습니다. 지난 시간에는 세리 마태의 이야기를 소개했습니다. 마태처럼 삭개오도 로마 압제자들을 위해 세금을 걷었고, 자신의 주머니를 채우려고 더 많은 돈을 무자비하게 강탈했던 사람입니다. 그래서 유대인들이 삭개오를 마치 사회적 나병 환자처럼 취급했던 것은 놀라운 일이 아니었습니다. 어린이들로 하여금 삭개오가 그 당시 사회에서 아주 배척받는 직업을 가졌다는 점을 이해하게 하는 것은 매우 중요합니다. 어린이들이 스스로 그 당시 사회에서 미움을 받고 사람들로부터 손가락질을 당했던 삭개오와 같은 사람에게 예수님이 친히 다가가셨다는 것이 얼마나 놀라운 일인지 느껴야 하기 때문입니다.

삭개오가 사람들의 비웃음을 무릅쓰고 뽕나무에 올라가서라도 예수님을 만나고 싶어 한 이유는 뭘까요? 하찮은 호기심 때문에 뽕나무에까지 올라가게 된 것일까요? 우리는 삭개오의 머리와 가슴에서 일어난 일들을 그저 짐작만 할 수 있을 뿐입니다. 삭개오는 아마도 너무나도 외롭고 몹시 불행했을 것입니다. 랍비이신 예수님을 만나고 싶어 했던 것으로 미루어 보아 자신의 마음에서 떠나지 않던 종교적 갈망이 있었던 것임이 틀림없습니다. 어쩌면 그는 예루살렘으로 유월절을 지내러 가는 사람들의 일원이 되기를 원했을지도 모릅니다. 그러나 그는 그러한 자신의 바람을 입 밖으로 냈다가는 사람들이 자신을 그 나무에 목매달아 죽일 수도 있다는 것을 잘 알고 있었습니다.

삭개오가 나무에 오른 진정한 이유가 무엇이었든지 예수님은 삭개오가 누군지 알아보셨고, 삭개오의 집에 손님으로 들어가겠다고 말씀하셨습니다. 그 당시 이러한 행동은 사람들을 술렁이게 할 만한 친밀감과 우정의 표현이었습니다. 어떻게 예수님처럼 의로운 랍비가 사람들로부터 멸시받는 악한 사람과 어울릴 수가 있겠습니까?

삭개오는 예수님이 자신을 사랑스럽게 받아들여 주시고, 하나님의 사람으로 회복시켜 주신 것 때문에 매우 기뻤습니다. 이것은 삭개오의 삶을 극적으로 변화시킨 계기가 되었습니다. 이제 그는 돈을 착취하는 대신 자신의 소유 중 절반을 가난한 사람들에게 나누어 줍니다. 그리고 거기에서 더 나아가 자신이 속인 사람들에게 공개적으로 보상하였습니다. 더 나아가 그는 율법이 요구하는 것 이상으로 행합니다. 삭개오는 그가 훔친 모든 것을 네 배로 갚았습니다. 이제 모든 것은 이전과 같지 않을 것입니다.

예수님은 삭개오의 마음을 아셨습니다. 예수님은 구원이 삭개오의 집에 이르렀다고 엄숙하게 선포하십니다. 이 조건 없는 사랑과 포용으로, 예수님은 방황하고 있던 이 아브라함 자손의 마음과 지위와 삶의 방식을 바꾸셨습니다. 이것이 바로 예수님이 오신 이유입니다. "인자의 온 것은 잃어버린 자를 찾아 구원하려 함이니라"(눅 19:10). 이로 말미암아 우리의 모든 것이 바뀌었습니다.

블록 놀이

삭개오의 나무 만들기 ···▶ 나무 블록, 사람 모형 블록

나무 블록을 쌓거나 옆에 놓으면서 삭개오가 올라갈 수 있는 나무를 만듭니다. 사람 모형 블록을 이용하여 삭개오가 나무에 올라가서 예수님을 보는 장면을 표현합니다.

왜 삭개오는 나무에 올라갔을까요?
예수님은 삭개오에게 무어라고 말씀하셨을까요?

소꿉놀이

삭개오 인형 놀이 ···▶ 작은 인형

작은 사람 인형을 이용해서 삭개오가 예수님을 보기 위해 높은 곳에 올라가는 놀이를 합니다. 작은 인형의 위치를 달리하면서 반복하여 놀이합니다.

삭개오는 예수님을 보려고 책상 위에 올라갔어요!
삭개오는 예수님을 보려고 ○○이 머리 위에 올라갔어요!

미술 놀이

나무에 올라간 삭개오 만들기

···▶ 4-3과 활동지, 휴지 속, 풀, 투명 테이프

4-3과 활동지 나무에 칼집을 내고 휴지 속심에 끼웁니다. 활동지의 예수님과 삭개오 그림을 접어 종이 인형을 만듭니다. 나무에 올라가 예수님을 보는 삭개오의 이야기를 표현합니다.

삭개오는 예수님을 잘 보기 위해 어떻게 했을까요?

책 놀이

···▶ 어린이용 그림 성경책, 커다란 성인용 성경책, 삭개오에 대한 성경 이야기 등

예수님을 만나기 원했던 삭개오의 간절한 마음과 그 마음을 알고 다가와 주시는 예수님의 마음을 느끼도록 합니다.

예수님, ○○이도 만나 주시니 감사해요!

막대 인형극

> 준비물 : 물에 불린 오아시스, 나무, 돈 뭉치, '키 작은 삭개오' 음원
> 막대인형 : 예수님, 삭개오(돈을 붙여서 치장한 모습), 사람1,2

사람들(목소리) : 키 작은 삭개오, 욕심쟁이 삭개오.

삭개오 : 사람들은 나를 놀려 대지만 난 돈이 아주 많은 부자 삭개오야. 세금을 내시오, 더 많은 세금을 내시오! 어~어! 오늘은 사람들이 다 어디로 갔지? 한 명도 안 보이잖아.

사람1 : (삭개오 앞을 지나가며 작은 소리로) 저 사람은 욕심쟁이 삭개오잖아?

사람2 : 쉿! 욕심쟁이는 신경 쓰지 말고, 우리 마을에 오셨다는 예수님을 빨리 만나러 가 보세.

삭개오 : 뭐라고? 우리 마을에 예수님이 오셨다고? 나도 예수님이 계시는 곳으로 가 봐야겠다!

(커다란 나무 옆에 예수님과 사람들이 모여 있다)

삭개오 : 어, 저기 예수님이 오신다. 그런데 내 키가 작아서 하나도 안 보이네. 어떡하지? 그래! 폴짝폴짝 뛰면 되겠다. 아이고, 힘들어! 어떻게 하면 예수님을 볼 수 있을까? (주변을 두리번거리며) 좋았어, 나무 위로 올라가야지! 높이!
이제 내가 제일 크다. 와! 예수님이 보인다. 그런데 예수님이 왜 이 쪽으로 걸어오시지?

예수님 : 삭개오야! 어서 나무에서 내려와라. 내가 오늘 너의 집으로 가고 싶구나.

삭개오 : 뭐라고요? 예수님이 우리 집에 오신다고요? 친구들! 내가 잘못 들은 건 아니죠? 아! 빨리 나무

에서 내려가야지.

사람1 : 아니? 왜 예수님은 욕심쟁이 삭개오와 친구가 되려고 하시지?

삭개오 : 예수님, 저는 다른 사람들의 돈을 빼앗고 속이는 욕심쟁이였어요. (몸에 두른 돈을 치우며) 하지만 이제부터는 빼앗은 돈을 모두 돌려주겠어요.

사람2 : 뭐라고? 빼앗은 돈을 모두 돌려주겠다고? 욕심쟁이 삭개오가 달라졌다!

예수님 : 삭개오야, 너도 하나님의 소중한 자녀란다. 넌 이제 구원을 받았단다.

삭개오 : 예수님, 감사합니다! 욕심쟁이인 나를 구원해 주시고 친구가 없던 나와 친구가 되어 주셔서 감사합니다!

다 같이 : '키작은 삭개오' '엉금엉금 뽕나무 위에 키 작은 삭개오~'♬ 찬양)

예수님 : 삭개오야, 난 너를 사랑한단다.

삭개오 : 내 이름을 불러 주시고 사랑해 주시는 예수님, 저도 예수님을 사랑해요. 난 달라졌어요. 나 같은 죄인의 이름을 불러 주시고 친구가 되어 주신 예수님은 우리 친구들의 이름도 불러 주시고 친구가 되어 주신답니다.

방긋방긋 나눔 예배

인사 나누기

예수님이 삭개오를 부르신 것처럼 영아들의 이름을 불러 줍니다.
○○아, 어서 와! △△아, 반가워!

말씀 나누기 : 〈예꿈 입체 그림책〉 4-3과 읽기

〈예꿈 입체 그림책〉 4-3과 '예수님은 삭개오를 부르셨어요.'를 읽어 주세요. 예수님의 따뜻한 목소리로 아이들의 이름을 하나하나 넣어서 불러 주기도 합니다. 예수님이 삭개오를 부르셨을 때 기뻐하는 삭개오의 마음을 표현하며 읽어 주세요.

친구가 없던 삭개오에게 예수님이 친구가 되어 주셨으니 삭개오는 정말 기뻤겠지?

활동 나누기 : 엄마 나무에 오르기 (대그룹)

엄마나 아빠의 손을 맞잡아 당기며 몸에 오릅니다.
엉금엉금 삭개오가 나무에 올라가듯 올라갑니다.

예수님이 보이나요?
엄마 나무가 아이를 목마 태워 줍니다.

예수님이 보이나요?
목마를 탄 채 '키작은 삭개오'♬ 찬양을 부릅니다.

간식 나누기

물티슈로 손을 깨끗이 닦고 식탁보를 깐 뒤, 간식을 준비합니다. 간식을 먹으며 나를 부르신 예수님의 사랑과 은혜를 나눕니다.

축복 기도 아이들의 이름을 부르며 안고 예수님을 만나도록 축복 기도합니다.

반짝반짝 생활 예배

구원을 기뻐해요, 하이파이브!

예수님의 구원에는 아무 조건이 없어요.
무조건 우리를 사랑하시고 하나님의 아들딸로 받아들이시는 구원이지요.
하나님의 무조건적인 사랑과 구원을 이야기해 주세요.

매일매일 그 구원을 기뻐하며 하이파이브 하세요.
높이 뛰며 하이파이브 해요.

"하나님은 ○○이를 사랑해. 하이파이브!"
"하나님은 ○○이를 꼭 안아 주셔. 하이파이브!"
"하나님은 ○○이를 용서하셔. 하이파이브!"

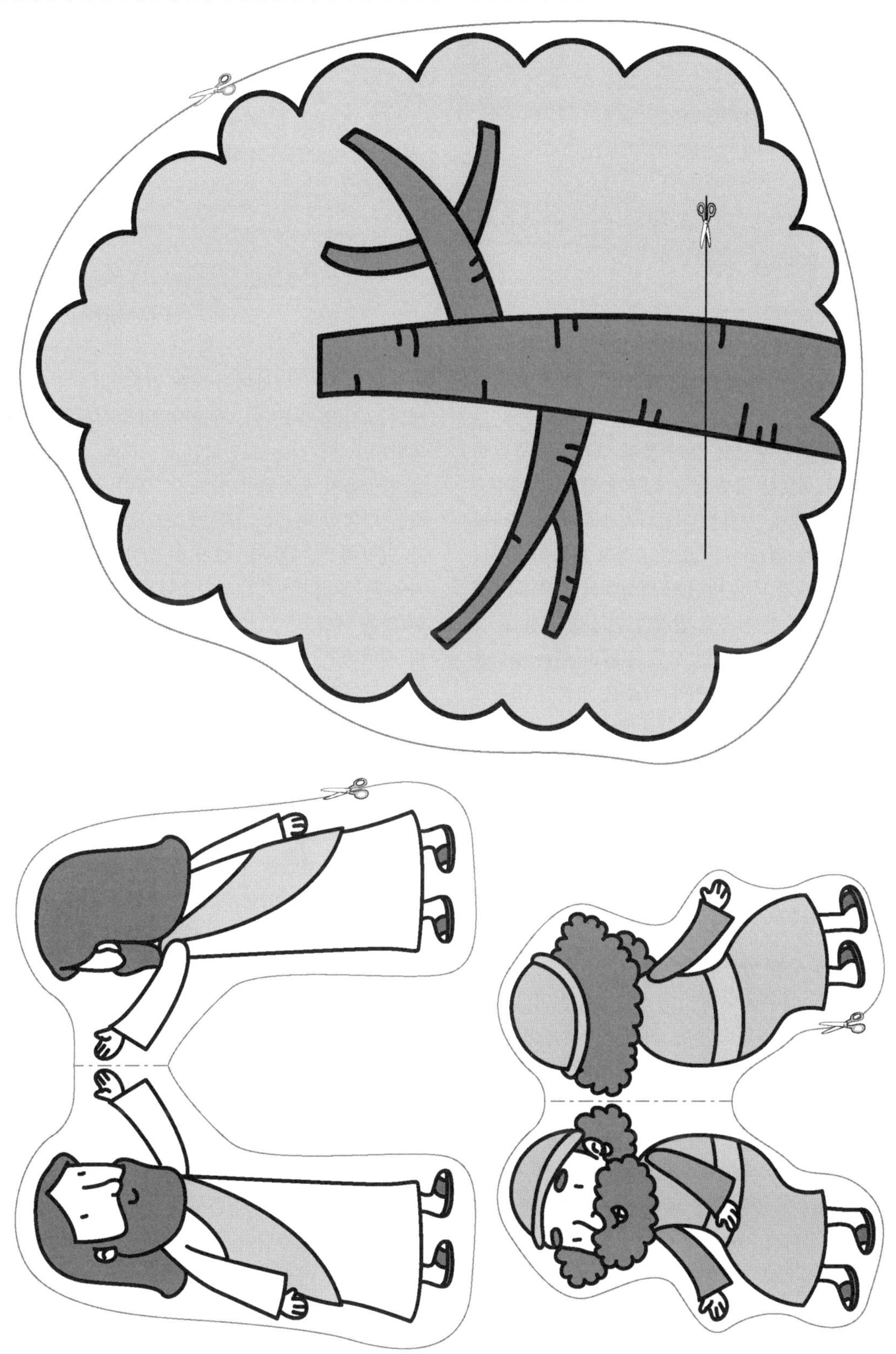

➪ 나무에 칼집을 넣고 휴지 속심을 끼우세요. 예수님과 삭개오 끈 인형을 나무에 붙인 뒤 이야기를 나누세요.

4과 예수님은 바울을 부르셨어요

본문 | 사도행전 9:1-22 • **포인트** | 예수님은 바울을 예수님의 제자로 부르셨어요.
암송 | 내가 너를 지명하여 불렀나니 너는 내 것이라. 이사야 43:1(하)

말씀 길잡이

바울의 회심은 매우 급진적인 방식으로 이루어졌습니다. 바울의 회심은 급진적으로 그의 삶 전체를 바꾸었고, 이를 통해 그리스도의 교회를 완전히 새로운 국면으로 이끌게 됩니다. 예수님은 니고데모에게 "사람이 거듭나지 아니하면 하나님 나라를 볼 수 없느니라"(요 3:3)라고 말씀하셨습니다. 이것이 여기 나온 바울의 회심에서 나타나는 신비입니다. 바울은 참으로 급격한 변화를 거쳤고, 그때까지 그가 믿고 행했던 모든 것이 바뀌는 경험을 했습니다. 눈 깜짝할 사이에 바울은 영적인 죽음에서 영생을 얻었고, 예수님의 적에서 예수님의 제자로 변화되었습니다. 바울에게 또는 어느 누군가에게 이러한 급격한 변화가 어떻게 가능한 것인지는 여전히 신비로 남아 있습니다. 성령께서 우리 마음에 어떻게 역사하시는지는 아무도 알 수 없습니다(요 3:5-8).

바울은 "그 도를 좇는 사람"(행 9:2)을 묶어 감옥에 가둠으로써 예수님에 대한 믿음을 근절시키려고 다메섹으로 가고 있었습니다. 그는 예수님을 많은 사람을 미혹하는 거짓 랍비라고 확신하고 있었습니다. 그는 예수님의 제자들은 예수님의 그릇된 가르침을 그저 추종하고 있을 뿐이라고 확신했습니다. 바울은 전통적인 유대교의 가르침을 지지하는 사람으로, 기독교인들이 이단을 버리게 하려고 사람들을 가두고 고문하고 처형할 준비까지 되어 있었습니다. 바울은 진정으로 "바리새인이요, 또 바리새인의 아들"(행 23:6)이었고, 그 자신이 하나님의 뜻을 행하고 있다고 절대적으로 확신했습니다.

바울이 갑자기 하늘에서 비친 밝은 빛(하나님의 임재의 표시)과 "사울아, 사울아. 네가 어찌하여 나를 핍박하느냐?"라는 도전적인 목소리에 얼마나 충격을 받았을지 상상해 보십시오. "주여, 뉘시오니까?" 하는 당황한 바울의 질문에, 그 목소리는 "나는 네가 핍박하는 예수라"(행 9:4-5)고 대답했습니다. 바울은 자신의 세계가 갑작스럽게 거꾸로 뒤집혀 버린 것을 깨닫고 충격에 빠집니다. 골고다에서 당연히 패배했고, 결국 영원히 침묵하게 되었다고 생각했던 그가 바로 하늘의 왕이라니요!

예수님은 아나니아를 바울에게 보내어 바울을 치유하고 그의 시력을 회복시키게 하셨습니다. 그렇게 하기까지는 아나니아에게도 용기가 필요했습니다. 바울은 기독교인을 무자비하게 박해하는 사람이었기 때문에 아나니아는 자신이 큰 불행에 내던져졌다고 생각했습니다. 만일 자신이 바울의 눈을 치유하고 나면, 바울이 다시 예전의 길로 돌아가서 아나니아를 핍박할 수도 있었기 때문입니다. 그러나 아나니아는 하나님의 명령에 순종하여 위험을 무릅썼습니다. 그는 바울을 찾아가서 바울을 치유하고 바울에게 세례를 주었습니다.

그 이후로 바울은 남은 생애 동안 가는 곳마다 예수님에 대한 복음을 전했습니다. 바울에게도, 그리고 우리에게도, 예수님이 우리의 길을 바꾸어 주신 이상 이제 되돌아갈 곳은 없기 때문입니다.

블록 놀이

다메섹 길 만들기

··· 나무 블록, 사람 모형 블록, 말 모형 블록

나무 블록을 두 줄로 길게 늘어뜨려 도로처럼 만듭니다. 사람과 말 모형을 이용하여 그 위를 지나다니도록 표현합니다. 바울이 다메섹 길을 가고 있는 이야기를 들려주세요.

왜 바울은 이 길을 가고 있을까요?

소꿉놀이

깜깜 놀이 ··· 안대 또는 수건, 소꿉놀이 세트

안대나 수건을 이용해 눈을 가리고 소꿉놀이 세트의 물건을 만져서 알아맞히는 놀이를 합니다.

미술 놀이

모양이 변해요 ··· 밀가루 점토, 점토 판, 점토 놀이 용구

밀가루 점토로 여러 가지 모양을 만듭니다. 아이가 주무르거나 만질 때마다 모양이 변한다는 것을 말로 표현합니다.

모양이 변했네.
동그란 모양으로 변했네.
네모 모양으로 변했네.

책 놀이

··· 어린이용 그림 성경책, 커다란 성인용 성경책, 예수님을 만난 바울 성경 이야기 등

다메섹으로 가는 길에서 바울이 예수님을 만났을 때의 장면

을 목소리에 변화를 주면서 실감나게 읽어 줍니다.

바울이 예수님을 만났을 때 어떤 기분이었을까요?

융판 동화

인물 : 예수님, 온화한 바울, 성난 바울, 엎드린 바울, 아픈 사람, 배고픈 사람, 감옥에 갇힌 사람들, 도망가는 사람들
배경 : 감옥
준비물 : 빵, 하트, 빛

장면1 : 온화한 바울
바울 : 샬롬~ 난 바울이에요! 영아부 친구들~ 예수님이 누군지 알아요? 예수님은 날 사랑하시고 나도 예수님을 정말 사랑해요. 예수님이 나를 어떻게 부르셨는지 한번 들어보세요.

장면2 : 성난 바울
바울 : 난 옛날에 예수님이 누군지 몰랐어요. 사람들이 왜 예수님의 이름으로 기도하는지도 몰랐어요. 그런데 여기저기서 예수님에 대한 소문이 들렸어요. 얼마나 훌륭한 분인지, 얼마나 놀라운 일을 행하셨는지, 그 소문을 들었지만 난 믿을 수 없었어요.

장면3 : 예수님, 아픈 사람, 배고픈 사람
예수님 : 이제 아프지 않을 것이다. 자, 이 빵을 배고픈 사람들에게 나누어 주어라!

장면4 : 성난 바울
바울 : 난 예수님 믿는 사람들이 싫어. 정말 싫어.

장면5 : 성난 바울, 감옥에 갇힌 사람들
바울 : 예수님을 믿는 사람들도 모두 미워. 나는 예수님을 믿는 사람을 잡아서 모두 이 감옥에 가둘 거야!

장면6 : 성난 바울, 도망가는 사람들
바울 : 예수님을 믿는 사람들이 도망가면 숲 속까지도 잡으러 다녔어요. 나는 정말 나쁜 사람이었지요.

장면7 : 환한 빛과 엎드러진 바울

바울 : 그날도 예수 믿는 사람들을 잡으러 가는 길이었어요. 그런데 깜짝 놀랄 일이 일어났어요. 영아부 친구들~ 무슨 일이 일어났었는지 궁금하지요? 갑자기 밝고 환한 빛이 하늘로부터 내려와 내 눈을 비추었어요. 난 강한 빛에 쓰러졌어요. 어어어~, 꽈당! 하늘로부터 소리가 들렸어요.

[잔잔한 음악]

예수님 : 바울아, 바울아, 왜 나를 싫어하니? 나는 너와 친구가 되고 싶단다!

바울 : 바로 예수님이셨어요. 나는 땅에 엎드려 꼼짝도 할 수가 없었어요. 아무것도 볼 수가 없었어요.

장면8 : 기도하는 바울

바울 : 나는 기도했어요. 예수님, 저는 예수님을 싫어하고 예수님을 믿는 사람들을 괴롭혔어요. 하지만 그런 저를 예수님은 용서해 주시고 친구로 삼아 주셨어요. 예수님 너무나 감사해요!

장면9 : 온화한 바울, 하트

바울 : 나는 예수님만 따르기로 결심했어요. 예수님 저를 불러 주셔서 너무나 감사합니다. 이제 예수님만 사랑할래요. 그리고 예수님 믿는 사람들을 더 사랑하고 예수님 모르는 친구들에게는 예수님 사랑을 전하며 살래요!

방긋방긋 나눔 예배

인사 나누기

예수님이 바울을 부르신 것처럼 아이들의 이름을 부르며 인사합니다.
○○아, 어서 와! △△아, 반가워!

말씀 나누기 : 〈예꿈 입체 그림책〉 4-4과 읽기

〈예꿈 입체 그림책〉 4-4과 '예수님은 바울을 부르셨어요'를 읽어 주세요. 바울이 예수님을 미워하는 장면에서는 안타까운 마음을, 바울이 예수님의 제자가 된 장면에서는 기쁨을 표현합니다.

"바울은 왜 예수님을 싫어했을까?"

"와! 바울도 예수님을 사랑하게 되었다! 예수님은 정말 좋아!"

활동 나누기 : 바울 인형 만들기

⋯ 4-4과 활동지, 풀, 나무젓가락이나 빨대, 투명 테이프

4-4과 활동지에 있는 서로 다른 두 표정의 바울을 접고 그 사이에 나무젓가락이나 빨대를 붙여 부채를 만듭니다. 예수님을 믿고 변화된 바울의 가슴에 하트를 붙입니다. 나무젓가락을 돌려 예수님을 만났을 때와 못 만났을 때를 비교해 보도록 합니다.

예수님을 못 만난 바울은?
예수님을 만난 후 바울은 어떻게 변했을까요?

간식 나누기

물티슈로 손을 깨끗이 닦고 식탁보를 깐 뒤, 간식을 준비합니다. 간식을 먹으며 나를 부르신 예수님의 사랑과 은혜를 나눕니다.

축복 기도 아이들의 이름을 부르며 안고 예수님을 만나도록 축복 기도합니다.

반짝반짝 생활 예배

단풍잎 모으기

단풍이 한창인 가을 길을 아이와 함께 걸으며 노래해요. '가을 길은 고운 길'♬ 동요를 배워 보세요.

♪빨갛게 빨갛게 물들었네.
노랗게 노랗게 물들었네.
파랗게 파랗게 높은 하늘
가을 길은 고운 길♪

예쁜 단풍잎을 주우며 이야기해요.
"빨간 단풍잎은 예수님 사랑!"
"노란 단풍잎은 예수님 은혜!"
"높고 푸른 하늘은 우리 예수님!"

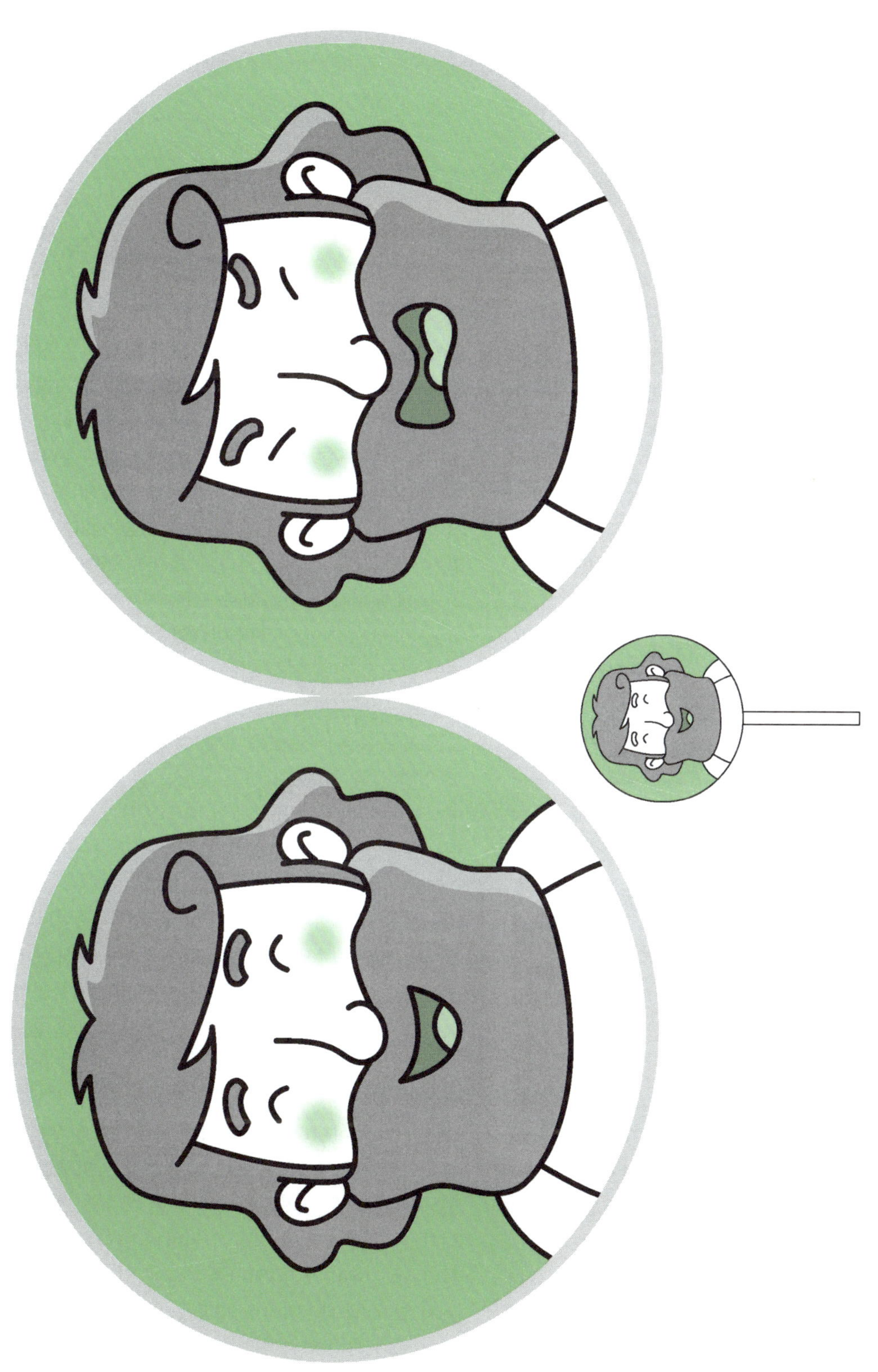

⇨ 나무젓가락을 붙여 부채를 만들고 변화된 바울의 가슴에 하트 스티커를 붙이세요.

5과 베드로와 예수님

본문 | 마태복음 14:22–33 · 포인트 | 예수님은 언제나 우리를 도와주세요.
암송 | 주는 그리스도시요 살아계신 하나님의 아들이시니이다. 마태복음 16:16

 말씀 길잡이

우리는 오늘의 성경 이야기를 접할 때마다 흔히 다음과 같은 도덕적 교훈으로 해석하며 단정 지을 때가 많습니다. '베드로는 성난 파도 속에서 자신을 구할 만한 믿음이 부족했기 때문에 물에 빠지고 만 거야. 그는 예수님을 좀 더 믿었어야 했어. 어리석은 베드로…. 우리는 베드로같이 되어서는 안 돼. 우리는 예수님 안에서 더 큰 믿음을 가져야 해.' 하지만 정말로 그럴까요? 조금 더 깊이 생각해 보기 원합니다. 우선 제자들을 두려운 상황으로 이끄신 분은 예수님이심에 주목하십시오. 예수님은 제자들로 하여금 어부였던 그들이 가장 두려워할 상황으로 몰아가셨습니다. 그들은 작은 배를 타고 거친 비바람과 싸우면서 육지에서 멀리 떨어진 바다 위를 떠돌고 있었습니다. 그리고 예수님이 다가오셨을 때, 제자들은 더욱 겁에 질렸습니다. 물 위를 걷는 예수님을 유령으로 여겼기 때문입니다. 제자들은 성난 파도 너머로 어떤 소리를 들었습니다. 그것은 유령의 소리가 아니었습니다. 그것은 제자들을 안심시키는 예수님의 음성이었습니다. "안심하라. 나니 두려워하지 말라." 얼마나 놀라운 위로입니까!

그들 중에 단 한 사람만이 예수님을 만나러 폭풍 속으로 뛰어들 만한 믿음을 가지고 있었습니다. 여러분이라면 베드로처럼 사나운 파도 속으로 뛰어들 수 있을까요? 뱃전을 넘어서 한 발 한 발 움직일 수 있을까요? 물은 여러분의 체중을 감당할 수 없습니다. 분명히 빠질 수밖에 없을 것입니다. 여러분이라면 진정으로 자기의 생명과 자기의 삶을 성난 파도에 맡길 수 있을까요? 아마도 그것은 대단히 어려운 일이었을 것입니다. 그러기에 베드로의 믿음은 작은 믿음이라고 단정 지을 수 없습니다. 그러나 그러한 베드로의 믿음조차도 흔들렸다는 것에 주목하십시오. 그는 바람을 보고, 두려워하기 시작했습니다. 예수님에게서 눈을 뗀 순간, 베드로는 물에 빠지기 시작했습니다. 솔직히 우리가 베드로의 처지였다면, 아마 우리는 베드로보다도 더 두려워하여 더 빨리 물에 빠져들어 갔을지도 모릅니다. 이때 베드로를 구한 것은 그의 믿음이 아니었습니다. 그의 영웅적인 확신은 그를 구할 만큼 강하지 못했습니다. 단지 그를 절체절명의 위기로 몰고 갔을 뿐입니다. 베드로의 믿음은 베드로를 구할 수 없었습니다. 물 위에 있던 상황에서도 강하지 못했을 뿐 아니라, 후에 예수님이 가야바의 법정에서 재판을 받으실 때에도 예수님과 함께 있을 만큼 충분하지 못했습니다.

베드로를 구할 수 있는 분은 오직 예수님뿐입니다. 그것이 바로 예수님이 오늘 우리에게 말씀하시는 교훈입니다. 그리고 그것이야말로 예수님이 제자들을 이러한 상황 가운데 두신 이유였습니다. 제자들은 예수님만이 자신들을 구하실 수 있다는 것을 배워야 했습니다. 우리는 예수님을 믿지만 믿음 자체가 중요한 것은 아닙니다. 믿음이란 하나님께서 우리가 예수님을 바라볼 수 있도록 사용하시는 도구일 뿐입니다. 오직 우리를 구하시는 분은 예수님 한 분입니다. 우리가 우리의 믿음이 얼마나 연약한 것인지를 깨닫고 우리가 얼마나 예수님을 의지해야만 하는지 알게 될 때, 우리도 제자들이 깨달았던 그 가르침을 배울 수 있습니다. "진실로 하나님의 아들이로소이다"(33절).

블록 놀이

배 만들기 ┈▸ 레고 듀플로 블록, 사람 모형 블록

레고 듀플로 블록을 이용하여 배를 만듭니다. 여러 가지 부속물로 노와 돛을 만들어 봅니다. 사람 모형 블록으로 배를 타고 가는 베드로와 제자들을 표현합니다.

영차! 영차! 노를 저어 배를 움직여요!

미술 놀이

종이배 만들기 ┈▸ 큰 도화지, 색종이, 풀, 가위

큰 도화지를 접어 배를 만듭니다. 색종이를 이용하여 배를 꾸미고 베드로와 제자들도 태워 봅니다.

베드로와 제자들이 배를 탔어요.

배를 더 꾸미고 싶었는데 놀이 예배 시간이 끝났대요. 하지만 선생님이 색종이를 주시며 집에 가서 하라고 하셔서 기뻤어요.

소꿉놀이

노를 저어요! ┈▸ 큰 상자, 신문지

큰 상자를 이용하여 배를 만들고 신문지를 길게 말아 세우고 신문지를 넓게 붙여서 돛대와 돛을 만들어 배를 타고 여행하는 놀이를 합니다. 신문지로 모자를 만들어서 배에서 일하는 선원으로 역할 놀이를 해도 좋습니다.

영차! 영차! 노를 저어라!
영차! 영차! 돛을 올려라!

책 놀이

┈▸ 어린이용 그림 성경책, 커다란 성인용 성경책, 베드로 성경 이야기 등

베드로가 물속에 빠졌을 때 예수님께서 안전하게 보호해 주시는 장면을 읽어 주면서 예수님의 사랑을 느끼도록 합니다.

예수님께서 베드로를 구해 주셨을 때 베드로의 마음은 어땠을까요?

드라마

등장인물 : 예수님, 베드로, 예수님의 제자1, 2
준비물 : 파란 천, 먹구름, 배, 천둥소리

(파란 천으로 바다를 표현, 베드로와 제자1, 2는 배를 타고 이야기하며 등장)

제자1 : 베드로, 나는 아까 깜짝 놀랐어. 예수님께서 떡 다섯 개와 물고기 두 마리로 그렇게 많은 사람을 배불리 먹이시다니, 역시 우리 예수님이야!

제자2 : 그래, 나도 정말 놀랐다네. 그런데 베드로! 예수님은 어디에 가셨을까?

베드로 : 예수님은 기도하러 산에 가셨다네.

제자2 : 또, 기도하러 가셨어? 그렇게 능력이 많으신데…. 우리 예수님은 기도를 열심히 하신다니까~

(파란 천을 살랑살랑 흔든다)

제자1 : 살랑살랑 부는 바람과 잔잔한 물결, 아~ 졸리다. (하품하고 잠잔다)

베드로 : 나도 졸리다. (잠잔다)

(천둥소리 음향-작게, 먹구름 등장하고 제자들은 배를 흔든다)

제자2 : (제자1과 베드로를 깨우며) 일어나 봐. 곧 큰 비가 올
         것 같아.

베드로 : 잔잔하던 바다가 갑자기 왜 이러지?

(천둥소리 음향 크게, 파란 천을 많이 흔든다)

제자1 : 큰일 났어! 물이 배안으로 들어오고 있어!

제자2 : 어떻게 하지? 우리 함께 물을 퍼내자. (모두 물 퍼
        내는 흉내를 낸다)

베드로 : 안 되겠어. 우리 함께 "도와주세요!"라고 소리쳐
        보자. 영아부 친구들도 함께해요.

영아들 : 도와주세요! 도와주세요!

제자1 : 저…저기… 누가 오고 있어요!

제자2 : 어디? 귀신인가?

예수님 : (물 위를 걷는 것처럼 제자들에게 다가오며)안심해도
        된다! 나다! 두려워하지 말라!

베드로 : 예수님이세요? 예수님이라면 제게 물 위로 걸어
        예수님께로 오라고 말씀해 주세요.

예수님 : 베드로야 물 위로 걸어라!

베드로 : 와! 내가 물 위를 걸어가고 있어요.

(천둥소리 음향, 파란 천을 많이 흔든다)

베드로 : (물속에 가라앉으며 소리친다) 무서워요! 예수님! 도
        와주세요!

예수님 : (베드로의 손을 잡아 일으키며) 베드로야! 왜 의심
        하느냐? 배에 함께 오르자.

제자1 : 와! 신기하다! 예수님이 배에 오르시니 파도도 잔
        잔해 지고 천둥 번개도 사라졌어요.

베드로 : 예수님은 하나님의 아들이세요!

제자1,2 : 예수님은 정말 하나님의 아들이세요!

베드로 : 나는 하나님의 아들이신 나의 주 예수님을 찬양
        해요.

다 같이 : '바람 불어도 괜찮아요'♬ 찬양

방긋방긋 나눔 예배

인사 나누기

선생님은 아이들과 반갑게 인사합니다. '예수님이 말씀
하시니 거친 파도가 잔잔해졌네'♬ 찬양을 함께 부릅니다.

말씀 나누기 : ⟨예꿈 입체그림책⟩ 2-5과 읽기

부모님이 아이와 함께 ⟨예꿈 입체그림책⟩ 4-5과 '베드로와 예
수님' 이야기를 함께 읽습니다. 베드로가 물에 빠지는 그림을
보면서 베드로의 두려운 마음에 대해 이야기 나눕니다. 베드
로를 누가 건져 주실지 아이에게 묻고, 언제나 우리를 도와주
시는 예수님께 사랑하는 마음을 표현합니다.

얼마나 무서울까?

활동 나누기 : 베드로를 건지신 예수님

⋯ 활동지 4-5과, 가위, 물고기 스티커

활동지 4-5과에 물고기 스티커로 바다를 꾸민 후, 베드로
그림과 예수님 그림을 움직이며 물에 빠진 베드로를 구해
주시는 예수님 이야기를 해 봅니다.

간식 나누기

간식 기도를 하고 간식을 나누어 먹습니다.

축복 기도 우리를 언제나 지키시는 예수님의 사랑이 ○○
이 삶에 함께하기를 축복하며 기도합니다.

반짝반짝 생활 예배

언제나 우리를 도와주시는 예수님 비행기 놀이

이불을 펴 놓고 비행기 놀이를 해 보세요.
엄마는 누워서 비행기가 되고
아이는 엄마 발 위에서 슝슝~

기우뚱기우뚱 중심이 안 잡혀도
아이는 엄마만 믿고 두 팔을 쫙 펼쳐요.
엄마는 요리조리 중심을 잡아 가며
안전하게 착륙시키지요.

눈을 감고 외쳐 보세요.
"와! 예수님 비행기다."
강한 팔로 안전하게 붙잡아 주시는
예수님 비행기를 타고 신 나게 날아 보세요.

4-5과. 베드로와 예수님

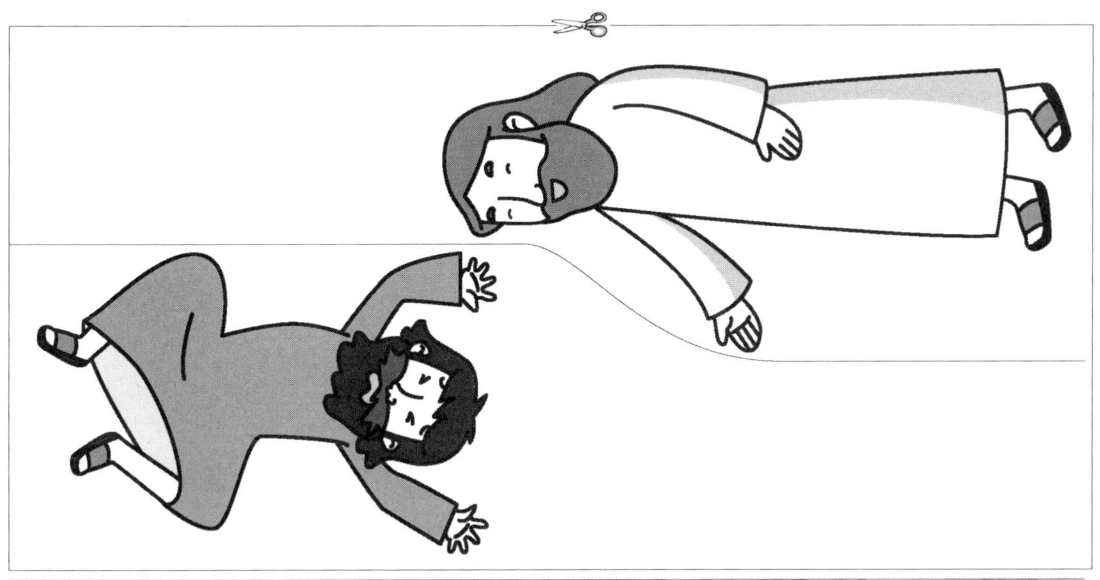

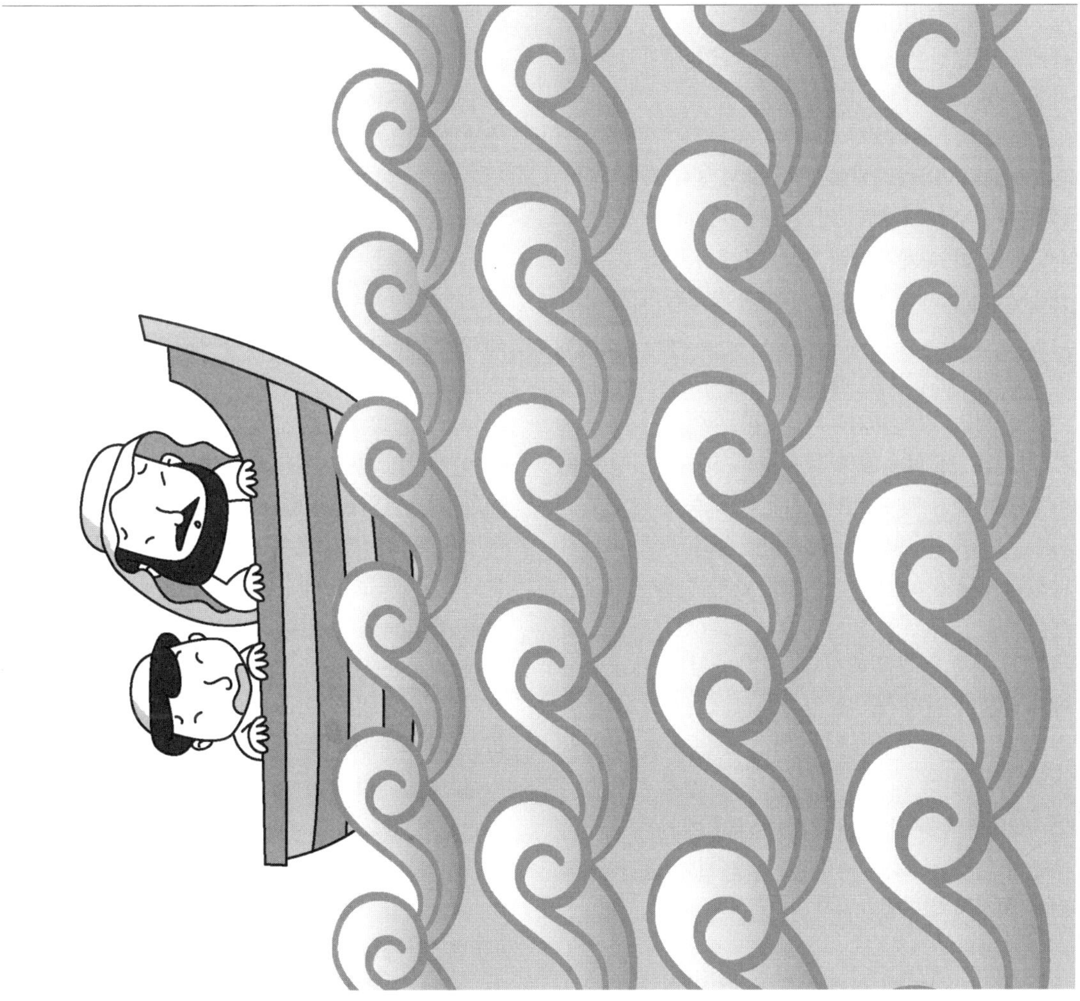

⇨ 바다에 물고기 스티커를 붙이고 물에 빠진 베드로를 구해 주시는 예수님을 표현해 보세요.

본문 | 마태복음 26:31–35, 69–75 · **포인트** | 예수님은 언제나 우리를 사랑하세요.

암송 | 주는 그리스도시요 살아계신 하나님의 아들이시니이다. 마태복음 16:16

말씀 길잡이 겟세마네 동산에서 예수님이 기도하시는 동안 제자들은 예수님과 함께 깨어 있지 못함으로써 영적인 나태함을 보여 주었습니다. 그리고 그들은 모두 예수님을 버리고 달아났습니다(마 26:38,56). 그러나 제자들이 그렇게 흩어져 버렸음에도 예수님은 하나님의 뜻에 따라 제자들과 우리를 위해 십자가를 지셨습니다.

폭풍이 부는 바다에서와 같이 베드로의 믿음은 다른 제자들보다 더 강한 것처럼 보였습니다. 그는 예수님을 따라 대제사장의 집 마당에까지 몰래 들어갔습니다. 그러나 이전에 그랬던 것처럼 베드로의 믿음은 시험을 통과하지 못했습니다. 예수님이 예언하셨던 대로(34절) 베드로는 닭이 울기 전에 예수님을 세 번 부인했습니다. 우리는 여기서 베드로가 자신의 첫 실수에도 불구하고 또 다른 실수를 하였다는 것을 알 수 있습니다. 베드로는 단언했습니다. "다 주를 버릴지라도 나는 결코 주를 버리지 않겠나이다"(35절). 자신감에 넘치는 말이었지만 베드로는 예수님에게 닥쳐오는 임박한 재판은 너무나도 두렵고 가혹해서 오직 하나님의 아들이신 예수님만이 견뎌 낼 수 있다는 사실을 알지 못했습니다. 그리고 그는 예수님이 그것을 처음부터 끝까지 혼자 견뎌 내셔야 한다는 것도 알지 못했습니다. 베드로의 부인에 대한 예수님의 예언은 그것이 우연히 일어난 일이 아니라는 것을 보여 줍니다. 그것은 예정된 일이었습니다.

예수님이 가야바의 불법 행위를 견뎌 내고 계셨을 때 베드로는 다른 뜰에 있었습니다. 그곳은 베드로가 있기에 위험한 장소였고, 베드로도 그것을 알고 있었습니다. 만일 그가 예수님을 따르던 사람임이 밝혀진다면 굉장한 위험이 그를 기다리고 있을 것입니다. 사람들의 추궁이 계속될 때마다 공포에 질린 베드로가 얼마나 더 열을 올리며 예수님을 부인했는지를 주목하십시오. 처음에 베드로는 예수님을 단순히 부인했습니다. 그 뒤에는 강조를 하면서 맹세를 했습니다. 그리고 세 번째에는 저주하고 맹세하며 "내가 그 사람을 알지 못하노라"고 말했습니다(74절). 닭의 울음소리에 베드로는 그가 자신의 주님을 세 번이나 부인했다는 것을 깨달았습니다. 그리고 예수님이 이 모든 것을 아셨다는 것을 깨달았습니다. 베드로는 "밖에 나가서 심히 통곡" 했습니다(75절).

이 이야기의 중심은 베드로의 실패가 아니라 그에 대한 예수님의 반응입니다. 예수님의 제자들은 예수님을 버렸지만, 예수님은 그들을 버리지 않으셨습니다. 베드로는 예수님을 세 번 부인했지만 예수님은 베드로를 부인하지 않으셨습니다. 예수님은 혼자 외로운 싸움을 하셨어야 했음에도 불구하고 우리를 위해 죄와 죽음과 싸워 승리하셨습니다. 그리고 우리의 선한 목자는 길 잃은 양들을 다시 한 번 모으실 것입니다. 자신감에 넘쳐 예수님 앞에서 단언했던 베드로와 같은 사람들도 포함해서 말입니다.

우리가 얼마나 자주 예수님을 실망시키는지, 그리고 예수님이 그때마다 어떻게 우리를 용서하고 사랑으로 안아 주시는지를 생각해 보십시오.

블록 놀이

베드로 얼굴 만들기

⋯› 블록, 블록 판, 모루 또는 신문지

블록 판 위에 블록을 이용하여 사람 얼굴을 만들고 여러 가지 재료로 머리카락 등을 만들어 베드로 얼굴을 표현합니다.

베드로가 예수님을 모른다고 말할 때는 어떤 표정
이었을까요?
베드로가 예수님 말씀을 기억했을 때는 어떤 표정
이었을까요?

미술 놀이

베드로의 얼굴 만들기

⋯› 4–6과 활동지, 나무젓가락 또는 막대, 투명 테이프

4–6과 활동지에 있는 베드로의 두 얼굴을 색칠하고 접은 뒤, 나무젓가락이나 아이스크림 막대를 투명테이프로 붙이고 종이를 붙여서 부채처럼 만듭니다. 예수님을 알고 있는지 물어보았을 때 대답하는 표정과 후회하는 표정을 번갈아 보이며 대답합니다.

베드로, 예수님의 친구이지요?
아니오, 아니에요!
예수님, 예수님을 모른다고 했어요. 용서해 주세요!

소꿉놀이

가면 놀이 ⋯› 여러 가지 가면, 보자기 또는 스카프, 모자, 거울

다양한 표정의 가면을 쓰고 여러 가지 소품으로 꾸민 후 거울을 보고 그 표정에 맞는 말을 해 봅니다.

책 놀이

⋯› 어린이용 그림 성경책, 커다란 성인용 성경책, 베드로 성경
이야기 등

성경 이야기에 나오는 베드로가 예수님을 모른다고 부인하는 장면과 그 마음을 자세히 표현하며 읽어 줍니다.

집에서 엄마와 보았던 예꿈 입체그림책을 교회에서 또 읽
으니 반가워요.

융판 동화

등장인물 : 예수님, 베드로, 제자들, 군인들, 사람1,2,3, 해설
음향 : 닭 울음소리

장면 1

해설 : 예수님과 제자들이 하나님을 찬양하며 걸어가고
　　　있었어요. 그때 예수님이 말씀하셨어요.

예수님 : 오늘밤에 너희가 다 나를 떠날 것이다.

장면 2

해설 : 제자들은 모두 깜짝 놀라서 아니라고 대답했어요.

제자들 : 저희가 예수님을 떠난다고요? 말도 안 돼요.

해설 : 베드로가 아주 자신 있게 말했어요.

베드로 : 다른 사람들이 모두 예수님을 떠나도 저는 절대
　　　　로 예수님을 떠나지 않을 거예요.

장면 3

해설 : 예수님께서 베드로를 바라보며 말씀하셨어요.

예수님 : 아니란다, 베드로야. 너는 새벽에 닭이 울기 전에
　　　　세 번이나 나를 모른다고 할 거란다.

해설 : 베드로는 다시 한번 말했어요.

베드로 : 저는 절대로 예수님을 모른다고 하지 않을 거예요.

해설 : 다른 제자들도 모두 말했어요.

제자들 : 절대로 예수님을 모른다고 하지 않을 거예요.

장면 4

해설 : 예수님과 제자들은 기도하러 산으로 올라갔어요.
　　　예수님은 슬픈 얼굴로 기도하고 또 기도하셨어요.
　　　예수님의 기도가 끝났을 때 군인들이 예수님을 잡
　　　으려고 왔어요. 베드로와 제자들은 너무 겁이 나
　　　서 모두 예수님을 버리고 도망갔어요.

장면 5

해설 : 도망갔던 베드로는 예수님이 걱정이 되어 예수님이
　　　잡힌 곳으로 갔어요.

베드로 : 예수님이 험한 일을 당하시면 어떡하지?

장면 6

해설 : 베드로가 밖에서 예수님을 지켜보고 있었을 때 어
　　　떤 사람이 다가와서 베드로에게 말했어요.

사람1 : 당신은 예수님과 함께 있었지요?

베드로 : 아니에요! 무슨 말씀이세요?

해설 : 또 다른 사람이 베드로에게 다가와서 말했어요.

사람2 : 이 사람은 예수님과 함께 있었어요.

베드로 : 나는 예수님을 몰라요.

해설 : 옆에 있던 사람이 베드로에게 세 번째로 말했어요.

사람3 : 분명히 예수의 제자들 중에 한 명이죠?

베드로 : 저는 정말로 예수님을 몰라요!

장면 7

해설 : 그때 새벽닭이 울었어요. (닭 울음소리 음향) 그러자
　　　베드로는 닭이 울기 전에 예수님을 세 번 모른다고
　　　할 거라고 하셨던 예수님의 말씀이 생각났어요.

베드로 : 내가 정말로 세 번씩이나 예수님을 모른다고 하
　　　다니…, 흑흑흑!

해설 : 베드로는 너무 슬프고 마음이 아팠어요. 그렇지만
　　　예수님은 여전히 베드로를 사랑하시고 용서하셨어
　　　요. 예수님은 언제나 우리를 사랑하시는 분이에요.

방긋방긋 나눔 예배

인사 나누기

아이들의 손을 따뜻하게 잡고 악수하며 인사합니다.

말씀 나누기 : 〈예꿈 입체그림책〉 4-6과 읽기

〈예꿈 입체그림책〉 4-6과 '예수님을 모른다고 한 베드로' 이야기를 읽습니다. 베드로 그림을 아이가 움직여 보게 합니다. 예수님의 변함없는 사랑을 아이에게 전달합니다.

"베드로가 예수님을 모른다고 했지만 예수님은 베드로를 끝까지 사랑하셨대."

활동 나누기 : 예수님 사랑해요

아이들은 오늘 예수님을 모른다고 말하는 베드로가 낯설게 느껴졌을 것입니다. 우리를 언제나 사랑해 주시는 예수님께 아이들이 마음껏 사랑을 표현할 수 있게 도와주세요.

(두 손으로 머리 위에서 하트 만들며) 예수님, 사랑해요.
(두 손 위에 뽀뽀하며) 예수님, 사랑해요.
(두 팔로 꼭 안으며) 예수님, 사랑해요.

친구와 함께 간식을 나눠요

간식 기도를 하고 간식을 나누어 먹습니다.

축복 기도

우리가 잘못할 때에도 언제나 변치 않는 예수님의 사랑을 ○○가 알아 가기를 축복하며 기도합니다.

반짝반짝 생활 예배

예수님 사랑해요

기도는 예수님을 사랑하는 표현이에요.
우리가 잘못해도 언제나 사랑해 주시는 예수님!
우리를 언제나 기다려 주시는 예수님!
예수님께 사랑을 고백해 보세요.

"언제나 나를 사랑하시는 예수님, 사랑해요!"
"나를 기뻐하시는 예수님, 사랑해요!"
"우리에게 오신 예수님, 정말 사랑해요!"

⇨ 베드로를 색칠하고 가운데를 접은 뒤, 사이에 나무젓가락을 붙여 부채를 만드세요.

7과 베드로를 사랑하신 예수님

본문 | 요한복음 21:1-17
포인트 | 예수님은 우리를 있는 모습 그대로 사랑하세요.
암송 | 주는 그리스도시요 살아계신 하나님의 아들이시니이다. 마태복음 16:16

예수님을 저버린 이후에 제자들은 예수님이 자신들을 부르기 전의 생활로 돌아갔습니다. 그들은 예수님이 부활하신 것을 기뻐했지만 예수님의 부활이 자신들의 삶에 미치는 영향에 대해서는 전혀 알지 못했기 때문입니다. 그들은 다시 고기잡이를 하였지만 아무것도 잡지 못했습니다. 그때 나타나신 예수님은 그들이 물고기를 한가득 잡게 하심으로써 다시 한번 자신의 주권을 보여 주셨습니다. 제자들은 다시 한번 '사람을 낚는 어부'로 부르시는 분이 누구이신지 깨달았습니다.

다시 고기를 잡으러 간 베드로는 옷을 벗고 있다가 주님이라는 말을 듣고 겉옷을 서둘러 입고 호수로 뛰어들었습니다. 예수님과 함께하고 싶은 마음에 배가 육지에 닿기까지 기다리지 못했던 것입니다. 그러나 예수님을 부인했던 행동 때문에 베드로는 막상 예수님 앞에 나아갔을 때는 어떤 말을 해야 할지 몰랐습니다. 선생이신 예수님은 다시 한번 선생의 자리에서 물러나 계셨습니다. 그리고 예수님이 제자들에게 원하셨던 겸손하게 섬기는 본을 보이셨습니다. 또 베드로에게 "내 양을 먹이라"(요 21:17)고 말씀하심으로 자신의 뜻을 나타내셨습니다. 목자 되신 예수님은 제자들을 먼저 먹이심으로 이제는 제자들이 다른 양들을 가르치기 원하셨습니다.

왜 예수님은 베드로에게 같은 질문을 세 번씩이나 반복하셨을까요? 그것은 아마도 베드로가 사람들 앞에서 예수님을 세 번 부인했기 때문이었을 것입니다. 예수님은 베드로로 하여금 예수님에 대한 사랑을 세 번 선포하게 하셨습니다. 그것은 주의 일을 하는 모든 사람들에게 요구되는 것입니다. 헬라어 원문에 의하면 예수님은 베드로에 대한 요구를 계속해서 낮추셨음을 알게 됩니다. 처음 두 번의 질문은 베드로가 예수님이 십자가를 지셨던 것 같은 자기희생의 사랑으로 주님을 사랑하는지 묻는 것이었습니다. 자신이 예수님을 부인했던 일을 생각하며 베드로는 단지 친구에 대해 가지는 정도의 세상적인 애정을 표현하는 단어를 사용하여 예수님에 대한 자신의 사랑을 나타냈습니다. 그러자 세 번째로 예수님은 "베드로야, 너는 네가 말한 그 정도의 사랑이라도 가지고 있느냐?"라고 베드로에게 물으셨습니다. 이제 베드로는 자신이 예수님을 적어도 그 정도는 사랑한다고 진심을 담아 대답했습니다. 그러나 그것을 인정하는 베드로의 마음은 아팠습니다(요21:17). 하지만 여기서 우리가 주목해야 할 것은 그러한 베드로의 불완전한 사랑에도 불구하고 그는 예수님을 위해 일하도록 쓰임받았다는 것입니다. 예수님은 베드로에게 예수님의 양 떼를 위한 목자가 되라고 말씀하셨습니다. 베드로 자신의 힘으로는 결코 그 사역을 감당할 수 없었고 예수님을 향한 베드로의 사랑조차 충분하지 않았습니다. 다만 예수님의 능력으로 그 모든 것이 가능해졌습니다.

예수님을 향한 우리의 사랑은 베드로의 사랑보다도 부족할지 모릅니다. 그러나 우리도 예수님의 일을 감당할 수 있습니다. 우리의 사랑으로는 예수님의 사역을 감당할 수 없지만 우리가 예수님의 사랑에 의지할 때 예수님은 우리에게 감당할 수 있는 능력을 주십니다.

블록 놀이

식탁 만들기 ⋯ 블록, 사람 모형 블록

블록을 쌓아 식탁과 의자를 만들고 예수님과 베드로가 음식을 먹는 장면을 표현합니다.

냠냠! 예수님과 베드로가 함께 밥을 먹었어요.
무슨 반찬을 먹을까요?

미술 놀이

사랑의 꼬치 만들기

⋯ 4–7과 활동지 , 나무젓가락이나 꼬치 막대, 투명 테이프

4–7과 활동지에 있는 물고기와 떡, 하트를 미리 오려둡니다. 준비합니다. 나무젓가락이나 꼬치 막대에 물고기와 떡, 하트 등을 차례로 붙여 꼬치를 만들어 음식을 나누는 놀이를 합니다.

예수님이 구워 주신 물고기는 정말 맛있어요!
예수님이 주신 떡도 정말 맛있어요!

소꿉놀이

예수님께 음식을 대접해요 ⋯ 음식 놀이 세트

음식 놀이 세트를 이용하여 예수님께 대접할 음식을 만듭니다. 폼폼이나 빨대, 신문지 등 여러 가지 만들기 재료를 이용하여 음식의 종류를 다양하게 표현합니다.

예수님은 어떤 음식을 좋아하실까요?
예수님이 우리를 정말 사랑하세요!

책 놀이

⋯ 어린이용 그림 성경책, 커다란 성인용 성경책 등

예수님과 베드로가 함께 음식을 나누어 먹는 장면과 예수님이 베드로와 대화하시는 모습을 부드럽게 표현하면서 아이들이 부드러운 예수님의 마음을 느끼도록 합니다.

예수님은 ○○이도 정말 사랑하세요!

PPT 동화

> 준비물 : 닭 울음소리 음향, 가정용 입체그림책을 이용한 PPT, 하트(아이들 수만큼)

"나는 예수님을 몰라요!"(3번 반복, 손가락을 하나씩 세면서)
닭 울음소리를 들려주고, 아이들에게 베드로에 대해 생각나는 것이 있는지 물어보며 오늘의 이야기를 시작합니다.

PPT1 (입체그림책 13쪽)
예수님과 헤어진 후 베드로가 시무룩한 표정으로 말했어요.
"나는 다시 물고기나 잡아야겠어."
"그럼 나도 같이 가자."
다른 제자들도 힘없이 베드로를 따라 배에 탔어요.
그리고 그물을 아래로, 아래로 내렸어요.

PPT2 (입체그림책 13쪽 빈 그물)
베드로와 친구들은 그물을 위로 끌어올렸어요.
"어! 없다, 없어. 한 마리도 없다!" 그물은 비어 있었어요.
베드로와 친구들은 밤새도록 그물을 던지고 끌어올렸지만 물고기를 한 마리도 잡지 못했어요.
아침이 되자 베드로와 친구들은 너무 피곤했어요.
"예수님이 함께 계셨다면 물고기를 많이 잡을 수 있었을 텐데.”라고 한 제자가 말했어요.

PPT3 (입체그림책 14쪽 예수님)
그때였어요. “얘들아! 무얼 좀 잡았느냐? 그물을 배의 오른쪽에 던져라. 그러면 잡을 것이다.” 예수님이 말씀하셨어요. 제자들은 피곤하지만 그 목소리에 따라 그물을 아래로, 아래로 던졌어요.

PPT4 (입체그림책 15쪽)
그리고 “영차, 영차!” 그물을 위로, 위로 끌어올렸어요. “와~!” 수많은 물고기가 그물 가득 잡혔어요. 그때 한 제자가 소리쳤어요. “예수님이다!”

PPT5 (입체그림책 14쪽 베드로)
“예수님이라고?” 베드로는 곧바로 바다로 뛰어내려 예수님께 달려갔어요. “예수님!”

PPT6 (입체그림책 14쪽)
예수님이 말씀하셨어요. “와서 아침을 먹어라.”
예수님은 베드로와 친구들에게 구운 물고기와 따뜻한 빵을 주셨어요.

PPT7 (입체그림책 16쪽)
베드로는 눈물을 글썽이며 예수님을 바라보았어요.

PPT8 (입체그림책 16쪽 예수님)
예수님이 말씀하셨어요.
“베드로야, 나를 사랑하느냐?”

PPT9 (입체그림책 16쪽 아래의 대사를 세 번 반복할 때마다 하트가 하나씩 나타나도록 효과)
“네, 예수님. 저는 예수님을 정말로 사랑해요.”
“베드로야, 나의 양들을 돌봐 주어라. 나를 따르는 사람들을 보살펴 주어라.” (3번 반복)

PPT10 (입체그림책 16쪽 베드로)
“네, 예수님. 사람들을 사랑하고 잘 돌볼게요.”

PPT11 (입체그림책 16쪽 하트가 나타나게 효과)
예수님은 베드로가 예수님의 사랑을 전하기를 원하셨어요. 베드로를 사랑하시는 예수님은 여러분 모두를 사랑하세요. ‘사랑의 주님(예수님)이 날 사랑하시네’♬ 찬양을 부르며 어린이들에게 하트를 붙여 주며 마무리합니다.

방긋방긋 나눔 예배

인사 나누기

선생님은 쌀쌀해진 날씨에도 교회에 나온 아이들을 칭찬해 주며 아이들과 하이파이브로 인사합니다.

예수님이 사랑하시는 ○○이 왔구나!

말씀 나누기 : 〈예꿈 입체 그림책〉 4-7과 읽기

〈예꿈 입체그림책〉 4-7과 ‘베드로를 사랑하신 예수님’ 이야기를 읽습니다. 예수님이 질문하시는 부분은 사랑이 느껴지는 목소리로 표현해 주세요. 하트 스티커를 붙이는 활동을 할 때에는 예수님이 우리를 얼마나 사랑하시는지 전해 주세요.

활동 나누기 : 예수님 사랑해요

···→ 예수님 복장의 선생님, 비닐에 개별 포장된 간식

아이들은 출발선에서 두 명씩 달려가 예수님 복장을 한 선생님께 안기는 게임입니다. 예수님은 아이들이 오면 “○○아, 사랑해.” 하며 안아 주고 조그만 간식을 줍니다.

간식 나누기 ···→ 떡꼬치와 마른 멸치 간식 준비

간식 기도를 하고 나누어 먹습니다.

축복 기도 우리의 모습 그대로를 사랑하시는 예수님께 늘 안기며 기뻐하는 ○○이가 되기를 축복하며 기도합니다.

반짝반짝 생활 예배

예수님의 풍성한 용서를 알아가요

아이를 혼냈을 때 꼭 안아 주세요.
같은 잘못도 자꾸자꾸 용서해 주세요.
“저리가!”, “한 번만 더 그러면~!”
이런 거절하는 말은 너무 슬퍼요.

엄마의 ‘미소’ 때문에 예수님의 마음을 알아 갑니다.
엄마의 ‘사랑’ 때문에 예수님의 사랑을 알아 갑니다.
엄마의 ‘용서’ 때문에 예수님의 용서를 알아 갑니다.

⇨ 나무젓가락 위에 그림을 붙여 꼬치를 만드세요.

8과 감옥에 갇힌 베드로

본문 | 사도행전 12:1-19 • **포인트** | 하나님께서는 우리의 기도에 응답하세요.

암송 | 주는 그리스도시요 살아계신 하나님의 아들이시니이다. 마태복음 16:16

헤롯 왕은 단지 "유대인들이 이 일을 기뻐하는 것을 보고"(행 12:3) 야고보를 죽이고 베드로를 사형수 감방에 넣었습니다. 헤롯은 권력에 취한 나머지 자신이 초대교회에 생겨난 신앙의 싹을 없애 버릴 수 있다고 생각했습니다. 베드로를 걱정한 사람들은 함께 모여서 베드로를 위해 하나님께 간절히 기도했습니다. 오직 간절한 기도만이 그들이 할 수 있는 전부였습니다. 베드로는 하나님의 도우심으로 천사를 따라 감옥을 나오면서도 그것이 현실임을 깨닫지 못했습니다. 그는 사슬이 자신에게서 풀려나가는 것도 거의 느끼지 못했고, 간수가 잠든 사이 자신이 감옥을 걸어 나온 것도 느끼지 못했습니다. 시내로 통하는 철문이 저절로 열리고, 바깥으로 나와 거리를 하나 지났을 때에야 비로소 베드로는 "정신이 났습니다"(11). 처음으로 그는 이 모든 것들이 실제로 일어난 일임을 깨달았습니다. 포악한 왕의 절대적인 권력도 하나님의 천사를 당하지 못했습니다.

정말 믿을 수 없는 일이 일어난 것입니다. 함께 모여 있던 사람들도 베드로를 구해 달라고 뜨겁게 기도하고 있었지만 베드로를 보고는 베드로만큼이나 놀랐습니다. 그들은 하나님께서 정말로 그들의 기도에 응답하실 것이라고는 기대하지 못했던 것입니다. 베드로가 문을 두드렸을 때, 어린 여종 로데는 베드로의 목소리를 듣고 너무나 놀라고 기뻐서 달려가 기도하고 있는 사람들에게 이 사실을 말했습니다. 그러나 문은 여전히 잠긴 채였습니다. 그들은 로데가 미쳤다고 말했습니다. 베드로는 감옥에 있는데 어떻게 베드로가 나올 수 있단 말입니까? 여종이 계속해서 그렇게 말하자, 그들은 그녀가 아마도 베드로의 '천사'의 목소리를 들었을 것이라고 생각합니다. 그들은 마음속으로 기도는 우리에게 영적인 위안을 주거나 어느 정도 영적인 경험을 하게 할 수 있지만 실제로 베드로의 육체적인 탈출은 불가능하다고 여겼던 것입니다! 베드로는 계속해서 문을 두드렸고 마침내 그들은 문을 열고 베드로를 보게 됩니다. 자신의 탈출에 대한 베드로의 생생한 간증은 그들의 모든 의심을 씻어 버렸습니다. 그리고 비참한 헤롯 왕의 최후는 자신이 하나님이 되기를 꿈꾸는 (22) 덧없는 인간의 영혼들이 아닌, 바로 우리 주님께서 이 세상을 다스리신다는 것을 분명히 보여 주고 있습니다.

우리의 믿음과 기도는 우리가 살고 있는 이 세상의 모든 것들과 관련이 있습니다. 하나님께서는 여전히 하나님의 주권으로 우리를 놀라게 하거나 기뻐하도록 만드실 수 있고, 그렇게 하실 것입니다. 때때로 하나님께서는 야고보처럼 복음을 전하는 사람들이 순교자가 되도록 허락하시기도 하고(2절), 때때로 야고보의 형제 요한처럼 순교를 막으시기도 합니다. 그러나 그것은 독재자의 선택이 아닙니다. 교회는 믿음이 흔들리는 순간에도, 기도의 날개 위에 계속해서 거듭나야 합니다. 그러므로 영원한 하나님의 나라에서 쉬지 말고 기도하기 원합니다.

블록 놀이

베드로의 감옥 만들기 ⋯→ 블록, 블록 판, 사람 모형 블록

감옥에 있던 베드로가 풀려나는 성경 이야기 장면을 선생님이 미리 이야기해 주고, 블록을 여러 줄로 높이 쌓아 창살을 만들어 감옥을 표현합니다. 사람 모형 블록에 종이로 날개를 달아 천사를 만듭니다.

왜 베드로는 감옥에 갇히게 되었을까요?
베드로는 감옥에서 어떻게 풀려나게 되었을까요?

미술 놀이

베드로 책 만들기 ⋯→ 4-8과 활동지, 풀, 가위

4-8과 활동지에 있는 베드로 그림을 색칠하고 절개선을 따라 오려 책처럼 붙여 만듭니다. 베드로의 얼굴 그림과 몸 그림을 넘기며 여러 가지 상황을 이야기하며 놀이합니다.

베드로는 예수님을 알렸어요!
베드로는 감옥에서 기도했어요!
베드로는 감옥에서 예수님을 찬양했어요!
베드로는 감옥에서 풀려나서 기뻐했어요!

소꿉놀이

함께 기도해요 ⋯→ 기도 방석, 여러 가지 다양한 인형들

기도 방석을 깔고 인형들과 함께 기도하고 찬양합니다.

베드로가 감옥에 갇혔을 때 친구들은 무엇을 했을까요?
○○이는 감옥에 갇힌 베드로를 위해 기도할 수 있을까요?

책 놀이

⋯→ 어린이용 그림 성경책, 커다란 성인용 성경책, 베드로 성경 이야기 등

베드로가 감옥에 갇혔다가 풀려나는 장면을 자세히 읽어 주며 베드로뿐만 아니라 우리를 보호해 주시는 예수님께 감사할 수 있도록 합니다.

감옥에서 풀려났을 때 베드로는 어떤 마음이었을까요?

막대 인형 동화

등장인물 : 베드로, 사람들, 천사
배경 : 감옥

(베드로 아이들 사이를 다니면서)

베드로 : 여러분, 예수님을 믿으세요. 예수님은 우리의 주님이십니다.

사람들 : 저도 예수님을 믿을래요. 저도 예수님을 나의 주님이라고 믿어요.

해설 : 베드로가 예수님을 전하자 많은 사람이 예수님을 믿게 되었어요. 그렇지만 예수님을 싫어하는 사람들도 있었어요.

나쁜 사람1: 베드로가 예수님을 믿으라고 전하고 다녀요.

나쁜 사람2: 베드로가 예수님이 주님이라고 전하지 못하도록 베드로를 감옥에 가둡시다.

해설: 예수님을 싫어하는 사람들이 베드로를 잡아 감옥에 가두고 말았어요. 그러자 예수님을 믿는 사람들이 모여서 베드로를 살려 달라고 기도하기 시작했어요.

성도 1 : 여러분, 베드로가 예수님을 전하다가 감옥에 간혔어요. 어떡하면 좋아요.

성도2 : 우리 하나님께 기도해요. 하나님은 우리의 기도를 들어주시니 하나님께 기도해요.

성도1,2 : (무릎을 꿇고 두 손을 잡고 기도한다) 우리의 기도를 들어주시는 하나님, 지금 베드로가 감옥에 갇혔어요. 예수님을 전하다가 감옥에 갇혔어요. 베드로를 구해 주세요. 친구들 함께 기도해요. "하나님, 도와주세요."

(다 함께 기도한다)

해설 : 그때 정말 놀라운 일이 일어났어요. 하나님이 기도를 들으시고 베드로에게 천사를 보내 주셨어요.

천사 : 베드로야! 일어나라! 감옥에서 나와라!

해설 : 감옥의 문이 열리고 베드로는 감옥에서 나왔어요. 너무나 놀란 베드로는 곧장 기도하고 있는 사람들에게로 달려갔어요.

베드로 : 여러분, 여러분! 제발 문 좀 열어 주세요!

해설 : 기도하던 사람들은 베드로를 보고 깜짝 놀랐어요.

성도1 : 아니! 베드로, 정말 베드로 맞나요?

베드로 : 네! 저예요. 베드로에요.

성도2 : 아니! 베드로, 어떻게 감옥에서 나왔나요?

베드로 : 하나님이 천사를 보내 주셔서 감옥에서 나올 수 있었어요.

사람들 : 할렐루야! 주님을 찬양합니다. 하나님이 우리의 기도를 들어주셨어요. 하나님, 감사합니다.

베드로 : 더욱 열심히 예수님을 전합시다.

사람들 : 네, 우리 함께 예수님을 더욱 열심히 전해요!

해설 : 하나님은 베드로를 위해 기도하던 사람들의 기도를 들으시고 응답하셨어요. 하나님은 우리의 기도를 꼭 들어주시는 분이세요.

베드로를 위해 나도 같이 기도했더니 베드로가 풀려났어요. 너무 기뻐요.

인사 나누기

부모님과 아이가 서로 포옹하며 인사합니다. 반 친구들과도 포옹하며 인사합니다.

말씀 나누기 : 〈예꿈 입체 그림책〉 4-8과 읽기

부모님이 아이에게 〈예꿈 입체그림책〉 4-8과 '감옥에 갇힌 베드로' 이야기를 읽어 줍니다. 베드로의 친구들이 기도하는 집의 문은 아이가 열어 봅니다. 그리고는 감옥을 움직여서 천사와 베드로 그림이 나오도록 아이와 함께 움직입니다. "하나님이 기도를 들어주셨네." 하며 함께 기뻐합니다.

간식 나누기

손을 닦고 식탁보를 깐 뒤, 간식을 준비합니다. 간식 기도를 하고 간식을 나누어 먹습니다. 간식을 먹는 동안 부모님은 오늘 영아부 예배의 은혜와 일주일간 아이들과 함께했던 생활 예배의 이야기를 나눕니다.

활동 나누기(대그룹) : 감옥 문이 활짝

⋯▸ 천사, 훌라후프 감옥(고무줄로 창살 표현)

아이들이 천사와 함께 감옥을 빠져나가 도착선에서 기다리는 부모님께 달려가는 게임을 합니다. 출발선에 있는 훌라후프 감옥의 고무줄을 천사가 벌려 주고 아이들이 나가는 것을 도와줍니다. 아이들은 부모님께 달려가 안깁니다.

축복 기도 우리의 기도를 응답하시는 하나님의 축복이 ○○이와 함께하기를 기도합니다.

반 친구들의 기도 제목을 서로 나누고 축복 기도합니다.

예수님께 이야기해요

나를 보고 계시는 예수님께 이야기해요.
내 목소리를 듣고 계시는 예수님께 이야기해요.

"예수님, 단풍이 너무 예뻐요. 감사해요."
"예수님, 감기에 걸렸어요. 낫게 해 주세요."
"예수님, 따뜻하고 예쁜 옷이 필요해요."
"예수님, 북한 아이들을 도와주세요."

아이와 함께하는 기도, 예수님이 기뻐하실 거예요.

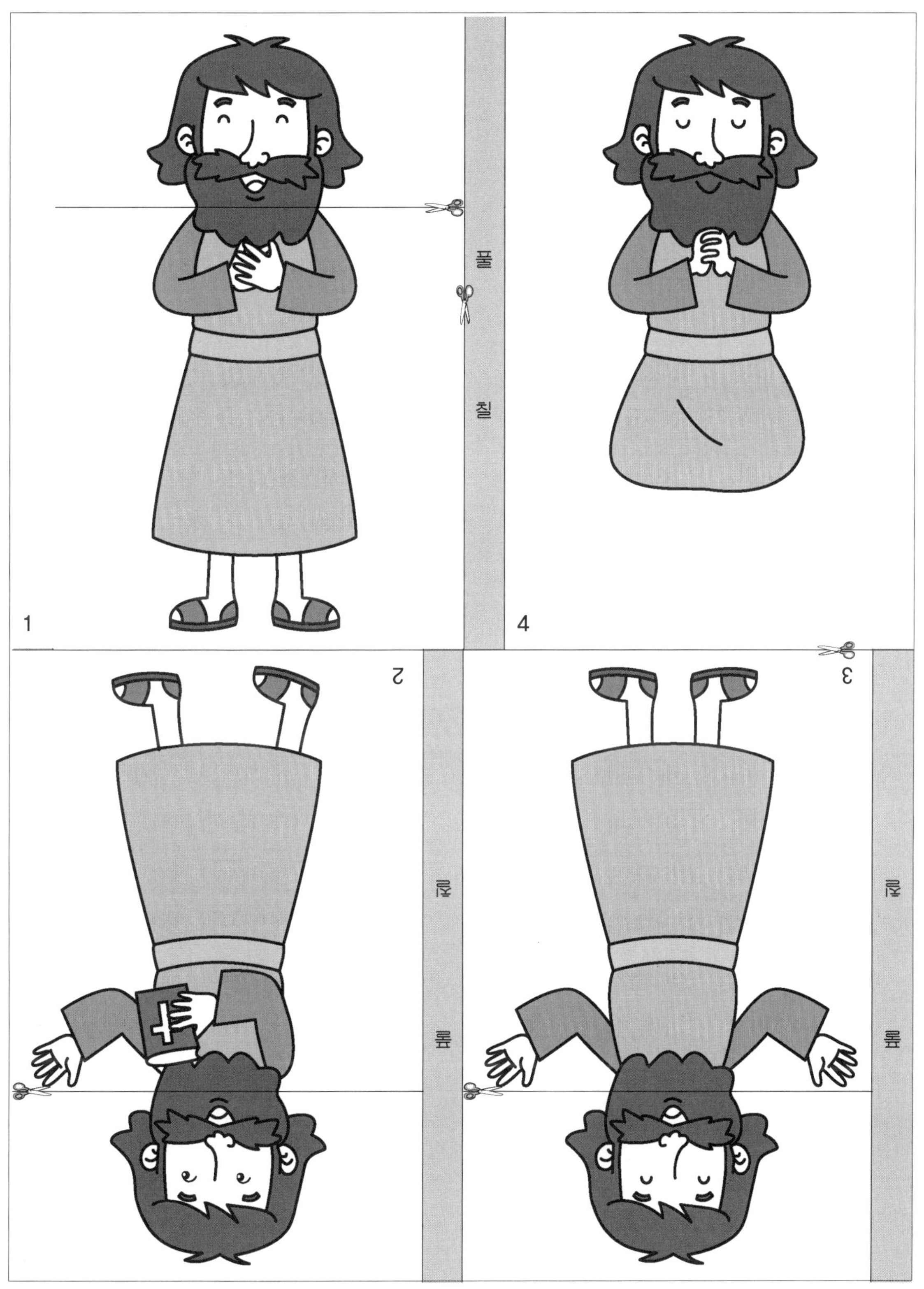

⇨ 멋지게 색칠하고 겹쳐 붙여 책을 만들고 책장을 넘기며 이야기해 보세요.

9과 마리아와 아기 예수님

본문 | 누가복음 1:26-38 · **포인트** | 예수님은 하나님의 아들로 세상에 오셨어요.
암송 | 오늘날 다윗의 동네에 너희를 위하여 구주가 나셨으니 곧 그리스도 주시니라. 누가복음 2:11

말씀 길잡이

본문의 배경이 되는 시대는 오랫동안 이스라엘에 선지자가 나타나지 않았던 때입니다. 하나님께서는 백성에게 오랜 기간 동안 아무 말씀도 하지 않으셨습니다. 그런데 갑자기 하나님의 사자가 나타나 약속된 구세주가 곧 오실 것이라는 복음을 전해 줍니다. 이제 하나님께서는 선지자를 통해 말씀하시지 않고 천사를 통해 직접 이야기하십니다. 누가복음에 따르면 이 좋은 소식을 처음 들은 사람은 사가랴입니다. 천사가 나타나 사가랴에게 아내 엘리사벳이 아들 요한을 낳을 것이며, 그는 하나님을 섬기는 사람이 될 것이라고 말합니다.

이 좋은 소식을 두 번째로 들은 사람은 미천한 신분의 마리아였습니다. 가브리엘 천사는 마리아에게 찾아와 하나님의 메시지를 전합니다. 이때 보통 인사인 '샬롬'과는 전혀 다른 말로 가브리엘이 인사를 하고 있는 점에 주목하십시오. 그는 마리아를 '은혜를 받은 자'라고 부르는데, 이 말은 하나님과 밀접한 관계가 있는 높은 지위의 특권을 받은 사람을 뜻하는 말입니다. 가브리엘은 "마리아야, 네가 하나님께 은혜를 얻었느니라. 네가 아들을 낳으리니 이름을 예수라 하라"라고 말합니다. 그리고 가브리엘은 정말 놀라운 말을 합니다. 아이가 지극히 높으신 이의 아들이라고 불릴 것이며 다윗의 왕좌를 받을 것이라고 합니다. 게다가 '그 나라가 무궁하리라'고까지 말합니다(눅 1:30-33). 이 아이가 약속된 메시아에 대한 이스라엘의 소망을 이룰 것이라는 말입니다. 마리아가 "왜 나입니까?"라고 묻지 않은 것에 주목하십시오. 대신 그는 "이런 일이 어떻게 일어날 수 있습니까? 나는 아직 처녀인데 어떻게 아들을 가질 수 있습니까?"라고 아주 실제적인 질문을 합니다. 가브리엘은 이 성스러운 아이는 성령의 힘으로 잉태될 것이라고 대답합니다. 그 결과 그 아이는 하나님의 아들이 될 것입니다. 이것은 구약의 예언이나 사람들이 갖고 있던 위대한 왕 메시아에 대한 기대를 넘어섭니다.

여기서 우리는 성육신의 깊은 신비에 접근하게 됩니다. 우리는 예수님이 '진정한 인간이자 또한 진정한 하나님'이라는 것을 알고 고백합니다. 한 사람이 어떻게 하나님이자 인간이 될 수 있는지 우리는 이해할 수 없습니다. 그것을 아이들에게 설명하려 애쓰지 마십시오. 단지 그 신비로움에 감탄하면서 하나님께서 우리를 위해 이 위대한 일을 하셨다는 것을 기뻐하십시오. 이 놀라운 소식을 듣고 마리아는 "주의 여종이오니 말씀대로 내게 이루어지이다"라고 합니다. 마리아는 모세처럼 의문을 제기하면서(출 3-4장) 다른 사람에게 그 역할을 맡기라고 하나님께 요구하지 않았습니다. 그 대신 마리아는 하나님의 은혜를 믿음으로 받아들였습니다.

마리아의 믿음은 칭찬받을 만합니다. 하나님께서 어떻게 마리아에게 은혜를 내리셨고, 마리아는 어떻게 반응했는지 생각해 봅니다. 마리아의 어린아이 같은 믿음은 어린이들에게 좋은 본보기가 될 수 있습니다. 예수님이 태어나기 전부터 마리아는 예수님에 대한 가장 중요한 진실을 알았습니다. 그의 아기는 여러 면에서 완전히 인간과 같지만 또한 하나님의 아들이 될 것입니다. 이것이 이번 과에서 어린이들이 알아야 할 내용입니다.

[대림절–성탄 음악을 틀어 놓습니다]

블록 놀이

천사 만들기 ···→ H블록, 색종이

H블록에 색종이로 만든 날개를 붙여서 천사 놀이를 합니다. 여러 가지 사물에 이름을 짓기도 하고 이야기를 만들어 내는 상상 놀이를 즐기도록 합니다.

와~ 천사가 되었네!
○○도 천사가 되어 볼까?

미술 놀이

천사 날개 꾸미기 ···→ 4–9과 활동지, 끈, 스티커, 스팽글

4–9과 활동지의 천사 날개를 스티커나 스팽글로 꾸밉니다. 목에 걸 수 있도록 끈을 달아 줍니다.

내 멋진 날개야!

늦게 와서 천사 날개를 못 만들어서 슬펐어요. 그런데 선생님이 예쁜 천사 날개를 달아 주셔서 기분이 좋아졌어요. 난 선생님이 좋아요!

소꿉놀이

마리아 놀이 ···→ 수건, 스카프 (마리아처럼 꾸밀 재료)

수건 또는 스카프를 이용하여 마리아처럼 꾸미고 놀이합니다.

○○이도 마리아처럼 기도해 볼까?
○○이도 마리아처럼 찬양해 볼까?

책 놀이

···→ 어린이용 그림 성경책, 커다란 성인용 성경책, 마리아와 아기 예수님에 대한 성경 이야기 등

천사의 말을 들은 마리아의 마음을 표현하며 성경 이야기를 읽어 줍니다.

천사의 말을 들은 마리아는 어떤 마음이었을까요?

부직포 인형극

인형 : 마리아, 천사 / 배경 : 집 안
음향 : 요술 봉 소리 / 영상 : 태아 초음파 영상

나사렛이란 동네에 하나님을 사랑하는 마리아가 살고 있었어요. 마리아는 요셉이라는 청년과 결혼하기로 약속하고 행복하게 지내고 있었어요.

어느 날 마리아가 집에 있을 때 천사가 찾아왔어요.
(음향 : 천사가 등장할 때 요술 봉 소리)

"은혜를 받은 마리아야 평안할 지어다 하나님이 너와 함께 계신단다."

마리아는 깜짝 놀랐어요.
"누… 누… 누구세요?"

고개를 돌려 보니 천사가 서 있는 것이 아니겠어요? 얼마나 놀랍고 무서웠던지 마리아는 그 자리에 그만 털썩 주저앉았어요. 두려워 떨고 있는 마리아에게 천사가 부드러운 목소리로 말했어요.
"두려워하지 말라. 하나님이 너와 함께하신단다. 마리아야, 너는 아들을 낳을 것이다. 그 아이의 이름을 예수라 하여라."

천사의 이야기를 들은 마리아는 온몸이 떨렸어요. 그리고 아무 말도 할 수 없었어요. 천사는 계속해서 마리아에게 이야기했어요.
"아기 예수는 하나님의 아들이요. 하나님께서 약속하신 세상을 구원할 왕이란다."
마리아는 떨리는 목소리로 이야기했어요.

"어떻게 내가 아기를 낳을 수 있나요? 저는 아직 결혼도 안 했는걸요?"

"성령이 너에게 임하시고 지극히 높으신 하나님의 능력으로 아들을 낳을 것이다."

천사의 이야기를 들은 마리아는 하나님께서 큰일을 하실 거라는 믿음이 생겼어요.
마리아는 "네, 하나님! 하나님의 말씀이 내게 이루어질 것입니다."라고 말했어요.

그러자 천사가 떠나갔어요.
(영상 : 태아 초음파 영상)
'콩닥! 콩닥!' 하나님의 말씀대로 마리아가 아기를 가지게 되었어요!
마리아는 아기 예수님을 생각하며 매일매일 하나님을 찬양했어요.
아기 예수님은 하나님의 아들이에요!
(아기 예수님께 드릴 선물을 가지고 나온다)

방긋방긋 나눔 예배

인사 나누기

선생님은 '메리 크리스마스' 하며 아이들에게 인사합니다. 아기 예수님이 태어나신 날이 크리스마스라고 이야기해 주고 다 함께 메리 크리스마스로 인사합니다.

말씀 나누기 : 〈예꿈 입체 그림책〉 4-9 과 읽기

부모님이 아이와 함께 〈예꿈 입체그림책〉 4-9과 '마리아와 아기 예수님' 이야기를 읽습니다. 화분 뒤에서 천사를 꺼내어 하나님이 보내실 아기 예수님 이야기를 나눕니다. 마리아가 순종하는 장면은 기쁜 목소리로 전합니다.

활동 나누기 : 천사 되어 보기(대그룹)

⋯▸ 미술 놀이 시간에 꾸민 천사 날개 (4-9과 활동지)

미술 놀이 시간에 꾸민 천사 날개를 등에 붙입니다.
'즐겁게 춤을 추다가♬' 곡조에 맞추어 놀이하다가 기쁜 소식을 전합니다.

즐겁게 춤을 추거나 걷거나 자는 시늉을 하다가 밥을 먹는 시늉을 하면서 기쁜 소식을 전합니다.

"예수님이 곧 태어나실 거예요!"

간식 나누기

손을 닦고 식탁보를 깐 뒤, 간식을 준비합니다. 간식 기도를 하고 간식을 나누어 먹습니다. 간식을 먹는 동안 부모님은 오늘 영아부 예배의 은혜와 일주일간 아이들과 함께했던 생활 예배의 이야기를 나눕니다.

축복 기도 우리 ○○를 구원하러 오신 하나님의 아들, 예수님께 감사하며 축복 기도합니다.

반짝반짝 생활 예배

천사의 기쁜 소식을 들려주세요.

아빠 퇴근 시간에 맞춰
엄마랑 아이랑 천사처럼 꾸며 보세요.

빛나는 머리띠, 나비 날개, 한복 속치마, 스카프….
천사처럼 행동하며 아빠에게
예수님의 기쁜 소식을 전해 주세요.

"예수님이 아빠를 위해 오셨어요."
"예수님은 아빠를 사랑해요."

⇨ 선이 보이게 오리고 스티커나 스팽글로 멋진 천사 날개를 꾸미세요. 끈을 달아 목이나 어깨에 겁니다.

10과 목자들과 아기예수님

본문 | 누가복음 2:1-20 · 포인트 | 예수님은 우리의 구세주로 세상에 오셨어요.
암송 | 오늘 다윗의 동네에 너희를 위하여 구주가 나셨으니 곧 그리스도 주시니라. 누가복음 2:11

말씀 길잡이 오늘 본문 말씀을 통하여 우리는 보잘것없이 초라한 예수님 탄생의 배경을 접하게 됩니다. 성경의 본문은 예수님이 사람뿐 아니라 가축들도 함께 사용하던 공간에서 태어나셨다는 것을 짐작케 해 줍니다. 구유와 여물통이 있는 장소에서 말입니다. 어쩌면 예수님은 마구간이나 동굴 비슷한 곳에서 태어났을지도 모릅니다. 오늘날에도 유대 광야에 거주하는 베두인들은 자신들의 양이나 가축들을 바위가 많은 지역에 흩어져 있는 동굴을 우리 삼아 가두어 키웁니다. 누가복음은 예수님이 탄생하신 그곳에 화려한 축포나 기쁜 축하의 노래, 구세주가 머리를 두고 누울 버젓한 공간조차 없었다는 것을 우리에게 상기시켜 줍니다.

그러나 여기서 장면이 바뀝니다. "그 지역에 목자들이 밤에 밖에서 자기 양 떼를 지키더니," 그 당시의 목자들은 가난하고 집도 없이 별을 보고 아무 곳에서나 자면서 거짓말이나 일삼는다는 나쁜 평판을 받고 있었습니다. 결국 이것은 무슨 뜻입니까? 구유에서 태어난 아이와 가까이서 양을 치며 방랑하는 목자들, 그다지 특별할 것도 없는 장면입니다.

하지만 여기서 장면이 급격하게 바뀝니다. 하나님의 영광으로 빛나고 있는 주님의 천사가 나타납니다. 양치기들도 이것을 이해하지 못했습니다. 그들은 완전히 압도되어 두려움과 놀라움으로 무릎을 꿇었습니다. 그러나 그 즉시 하늘에서 놀라운 음성이 들려옵니다. "무서워하지 말라. 보라 내가 온 백성에게 미칠 큰 기쁨의 좋은 소식을 너희에게 전하노라"(눅 2:10). 어떻게 이것이 가능할까요? 어떻게 이런 어

두움 가운데 살고 있던 사람들을 위한 좋은 소식이 있을 수 있을까요? 그러나 영광의 빛은 어둠을 밝히며 우리의 구원자이자 주님이신 예수님이 이 어둡고 음울한 세상에 오셨다는 좋은 소식을 알렸습니다. 예수님은 양치기들이 기다려 온 바로 그 분이었습니다. 그중에서도 특히 마리아가 기다려 온 분이었습니다.

이제 양치기 목자들은 보잘것없는 구유로 나아가야만 합니다. 그러나 구유는 더 이상 평범하지 않습니다. 그곳은 이제 거룩한 곳입니다. 목동들은 하나님께 영광을 돌리고 하나님을 찬양했습니다. 하나님의 구원을 직접 대면한 그들에게 더 이상 어떤 반응이 있을 수 있겠습니까?

누가복음의 훨씬 뒷부분에서 예수님은 자신이 오신 이유에 대해 직접 우리에게 말씀하십니다. 인자의 온 것은 잃어버린 자를 찾아 구원하려 함이라(19:10). 바로 지금이 잃어버린 자들을 찾고 구원하기 위한 바로 그때입니다.

[대림절–성탄 음악을 틀어 놓습니다]

블록 놀이

양 만들기 ⋯▸ 눈송이 블록, H블록, 사람 모형

눈송이 블록으로 풀밭을 만들고 H블록으로 양을 만들어 양을 돌보는 놀이를 합니다.

매~ 양은 무엇을 먹을까요? 어디서 잠을 잘까요?
목자들은 양을 돌보는 사람이에요!

미술 놀이

양 만들기

⋯▸ 4–10과 활동지, 화장지, 솜, 끈, 풀, 신문지

4–10과 활동지의 양을 솜과 화장지로 꾸미고 양이 설 수 있도록 풀을 붙여 완성합니다.
완성된 양 앞쪽에 끈을 달아 주고 신문지를 찢어 양에게 먹이며 양을 돌보는 놀이를 합니다.

양을 어떻게 돌봐야 할까요?

소꿉놀이

돌보기 놀이 ⋯▸ 여러 가지 동물 인형

다양한 동물 인형을 가지고 잠을 재우거나 먹이를 주는 놀이를 합니다. 여러 가지 소품으로 동물 먹이나 잠자리를 만들어 봅니다.

책 놀이

⋯▸ 어린이용 그림 성경책, 커다란 성인용 성경책, 목자와 아기 예수님에 대한 성경 이야기 등

목자가 양을 돌보는 장면을 읽어 주며 우리의 구세주로 오신 아기 예수님의 모습을 상상해 봅니다.

목자들은 하늘에서 무엇을 보았나요?
예수님은 우리의 구세주로 이 세상에 오셨어요!

융판 동화

등장인물 : 목자1,2, 양, 천사, 마리아, 요셉, 아기 예수
음향 : 밝은 음악

해설 : 목자들은 오늘도 하나님이 약속하신 아기 예수님을 기다리며 양들을 돌보고 있었어요.

목자 1 : 자, 양들아! 이리 오렴! 맛있는 풀을 먹으렴!

목자 2 : 풀을 먹자!

목자 1 : 자! 이제 잘 시간이다.

목자 2 : 잘 시간이다.

목자 1 : 하나님, 오늘도 우리들을 지켜 주셔서 감사합니다. 자는 동안도 우리들을 지켜 주세요!

목자 2 : 지켜 주세요!

목자 1,2 : 잘 자라!

목자 1 : 아! 피곤하다! 아주 캄캄한 밤이 되었네! 그래도 양들 곁에서 좀 더 지켜 주자고!

조명 OFF(스크린 캄캄한 밤에 별만 보인다)

목자 2 : 그래! 그런데 하나님이 약속하신 우리 예수님은 정말 오실까?

목자 1 : 그럼! 하나님은 약속을 반드시 지키시는 분이시니 예수님을 꼭 보내 주실 거야! 기다려 보자고!

목자 2 : 나도 예수님을 기다릴 거야.

해설 : 그때, 하늘에서 밝은 빛이 환하게 비추었어요.

[음악– '기쁘다 구 주 오셨네!]

천사 : (음악이 끝나면) 기쁜 소식이에요! 하늘에는 영광! 땅에는 평화! 베들레헴에 아기 예수님이 태어나셨어요! 구유 안에 누워 있는 아기 예수님을 볼 수 있을 거예요!

목자 1 : 네? 하나님이 약속하신 우리의 구원자, 예수님이 태어나셨다고요?

목자 2 : 예수님이 태어나셨다고요?

목자 1 : 와! 빨리 가서 우리 예수님을 만나 보자!

목자 2 : 그래 빨리 가 보자! (무대를 한 바퀴 돌고 무대로 올라온다)

해설 : 목자들은 천사들의 기쁜 소식을 듣게 되고 주님을 만나러 베들레헴으로 갔어요. 베들레헴의 말구유에는 아기 예수님이 누워 있었어요.

목자 1 : 우와! 정말 우리가 기다리던 예수님을 하나님께서 보내 주셨다.

목자 2 : 우리 예수님이시다!

목자 1 : (아기를 안고 있는 마리아에게) 예수님은 우리가 기다리던 우리를 구원하실 분이라고 천사가 말해 주었어요.

목자 2 : (요셉에게) 예수님은 우리가 기다리던 우리의 구원자이세요.

마리아, 요셉 : 할렐루야! 하나님을 찬양합니다.

목자 1 : 우리가 기다리던 예수님이 태어나셨다고 온 세상에 알리자!

목자 2 : 그래! 우리 이 사실을 모두에게 알려 주자!

다 같이 : '기쁘다 구주 오셨네'♬ 찬양.

간식을 먹는 동안 부모님은 오늘 영아부 예배의 은혜와 일주일간 아이들과 함께했던 생활 예배의 이야기를 나눕니다.

활동 나누기 : 목자 되어 예수님을 만나요(대그룹)

⋯▶ 목자 지팡이(신문지를 말아서 만든 지팡이)

아이들이 목자 지팡이를 들고 있으면 천사 역할을 맡은 선생님들이 아이들을 인도해 아기 예수님께 데리고 갑니다.

하늘에는 영광! 땅에는 평화!
아기 예수님께 우리 함께 가요.

예수님은 왕이 사는 궁전에서 나셨나요? (아이들: 아니요)
예수님은 아파트에서 나셨나요? (아이들: 아니요)
예수님은 백화점에서 나셨나요? (아이들: 아니요)
여기, 여기 마구간에서 나셨어요.
와! 아기 예수님이다.

축복 기도

우리 ○○를 구원하러 오신 예수님의 은혜로 아이를 축복하며 기도합니다.

방긋방긋 나눔 예배

인사 나누기

선생님은 '메리 크리스마스' 하며 아이들에게 인사합니다. 엄마와 아이가 서로 마주 앉아, 손유희를 하며 찬양합니다.

메리메리(양 손으로 물레 돌리기)
크리스마스(손바닥 마주치기)
메리메리 크리스마스 메리메리메리 크리스마스

말씀 나누기 : <예꿈 입체 그림책> 4-10과 읽기

부모님이 아이와 함께 <예꿈 입체그림책> 4-10과 '목자들과 아기 예수님' 이야기를 읽습니다. 하늘 천사들의 그림과 말구유 앞의 동물들 그림을 펼쳐 봅니다. 기쁜 소식을 전해 주는 천사들의 밝고 감동적인 목소리로 예수님이 태어나신 것이 얼마나 기쁜 일인지 아이에게 전합니다.

간식 나누기

반짝반짝 생활 예배

목자가 되어 예수님을 만나요

아기 인형을 강보에 싸서
예수님으로 꾸미고 안전한 곳에 숨긴 뒤,
목자와 천사가 되어 찬양하며 예수님을 찾아보세요.

아빠랑 아이는 신문지 지팡이를 들고 목자처럼,
엄마는 천사처럼 꾸며 보세요.

'아기 예수 나신 날은 크리스마스 날이래요'♬
하늘에는 영광! 땅에는 평화!
아기 예수님께 우리 함께 가요.

와! 아기 예수님이다!

⇨ 화장지나 솜으로 양을 꾸미고 삼각 달력 모양으로 접어 세운 뒤 끈을 달고 돌보는 놀이를 합니다.

11과 동방박사와 아기예수님

본문 | 마태복음 2:1-12 • 포인트 | 예수님은 온 세상을 다스릴 왕으로 오셨어요.
암송 | 오늘날 다윗의 동네에 너희를 위하여 구주가 나셨으니 곧 그리스도 주시니라.
누가복음 2:11

말씀 길잡이

동방박사의 이야기에서 우리는 태어난 지 몇 달 된 예수님을 만납니다. 예수님의 가족은 작은 도시 베들레헴에 있습니다. 그때 헤롯 왕은 불과 약 8.5km정도 떨어진 예루살렘에 살고 있었습니다. 헤롯 왕은 로마 제국의 사악한 권력자로, 중동 지역을 통치하고 있었습니다. 그는 힘 있는 왕으로, 원형 경기장과 역사적 유적들, 제단들을 만들었습니다. 그는 심지어 예루살렘에 있는 솔로몬의 영광스러운 성전도 재건했습니다. 그러나 헤롯 왕에게는 어두운 면이 있었습니다. 그는 왕권에 조금이라도 도전이 될 만한 사람이라면 그의 아내와 아들들, 자신과 가까운 사람들이라도 모두 죽였습니다. 자신이 죽거나, 누군가를 죽이는 것이 헤롯과 같은 왕들의 삶의 방식이었습니다. 누군가를 죽임으로써 자신만 살아남아서 통치자가 되는 것입니다.

헤롯 왕은 우리에게 시편 2편의 말씀을 연상시킵니다. "세상의 군왕들이 나서며 관원들이 서로 꾀하여 여호와와 그 기름 부음을 받은 자를 대적하며"(2절). 헤롯 왕이 유대의 정통성을 가진 왕을 찾고 있는 동방박사들을 만났을 때 그는 즉시 자신을 대적할 경쟁자를 생각했습니다. 그는 음모를 꾸며서 경쟁자인 왕을 파멸시켜야만 했습니다. 헤롯은 대제사장들과 서기관들을 모았습니다. "그리스도가 어디서 나겠느냐?" 그들이 대답합니다. "베들레헴입니다." 사악한 헤롯은 자신의 새로운 경쟁자를 쓸어버리기 위해 동방박사들을 속이려 합니다. "가서 아기에 대하여 자세히 알아보고 찾거든 내게 고하여 나도 가서 그에게 경배하게 하라"(마 2:8). 헤롯은

예수님을 경배할 마음이 조금도 없었습니다. 그는 이 경쟁자를 죽이고 싶은 마음에 베들레헴에서 태어난 모든 남자 아기들을 죽였습니다.

그러나 하나님께서는 진정한 왕의 가족을 보호하시고 예수님을 죽이려는 헤롯의 계획을 좌절시켰습니다. 하나님께서는 하나님께서 택하신 왕을 하나님의 거룩한 곳에 세우실 것입니다(시 2:6). 하나님께서는 동방박사들의 꿈을 통해 헤롯에게 아무것도 말하지 말 것을 경고하셨습니다. 그들은 다른 길을 통해 그들의 고향으로 돌아갔습니다. 저 동쪽 먼 곳에 있는 이방인들의 땅으로 말입니다. 동방박사들 이야기에서 가장 중요한 것은 그들이 유대인이 아니었다는 것입니다. 그들은 이스라엘의 새 왕에게 인사하고 경배하러 왔던 이방인들이었습니다. 상상해 보십시오. 사실상 하나님의 선택된 백성이 아닌 이방인들이 별의 인도를 따라 왔습니다. 그리고 예수님을 경배했습니다. 이것은 예수님이 이스라엘의 왕이시며 동시에 이방인의 왕이심을 의미합니다. 하늘의 빛을 따라옴으로 그들은 잠시나마 하나님의 왕국 안에 발을 들였고, 그 복음의 빛을 자신들이 떠나왔던 그 먼 땅으로 다시 가져갔습니다.

동방박사들의 이야기는 우리에게 앞으로 다가올 오순절과 광대하고 다양한 하나님의 왕국에 대해 암시합니다. 유대인들만이 아닌 이방인들이 모두 하나님의 백성들인 것입니다. 우리는 우리를 예수님께 인도하며 사방에 빛을 발하는 별빛 속에서 깊고 넓은 하나님의 크신 사랑을 볼 수 있습니다.

[대림절–성탄 음악을 틀어 놓습니다]

블록 놀이

별 만들기 ⋯ 눈송이 블록

눈송이 블록을 여러 개 붙여 커다란 별을 만듭니다. 그 위에 앉아 보거나 별의 모서리를 따라 걸어 보기도 합니다.

커다란 별이 하늘에서 빛나면 어떤 기분일까요?

소꿉놀이

크리스마스트리 꾸미기 놀이

⋯ 여러 가지 선물 상자와 크리스마스트리 장식

크리스마스트리 장식 밑에 선물 상자로 예수님의 생일 선물을 준비하는 놀이를 합니다. 선물 상자에 무엇이 있을지 상상해 봅니다.

예수님께 어떤 선물을 드릴까요?
예수님은 우리를 정말 많이 사랑하셔서 이 세상에 오셨어요!

미술 놀이

멋진 선물 ⋯ 4-11과 활동지, 색연필

4-11과 활동지를 색연필로 색칠하여 예쁘게 완성합니다. "나는 예수님의 멋진 선물이에요"라고 말하고 크리스마스트리에 장식합니다.

아기 예수님이 우리의 왕으로 오셨어요.
○○이는 예수님의 멋진 선물이에요.

책 놀이

⋯ 어린이용 그림 성경책, 커다란 성인용 성경책, 동방박사와 아기 예수님에 대한 성경 이야기 등

동방박사들이 하늘의 큰 별을 쫓아 예수님을 찾아왔던 여정을 이야기하며 왕으로 오신 아기 예수님을 기다리는 마음을 느껴 봅니다.

아기 예수님은 우리의 왕으로 이 세상에 오셨어요!

PPT설교

> 준비물 : 아이들이 예수님께 드릴 선물(미리 공지해서 준비)
> 등장인물 : 마리아와 요셉, 아기 예수님(선물을 드릴 때 등장)
> 찬양 : '멋진 선물' 찬양팀

PPT1 (입체그림책 15쪽 별)

아기 예수님이 태어나던 날 밤에 아주 커다란 별이 반짝반짝 빛났어요. 아주 특별하고 아름다운 별이에요.

PPT2 (입체그림책 14쪽 동방박사)

어느 날 밤, 지혜로운 박사들이 하늘에 있는 커다란 별을 보고 깜짝 놀랐어요.
"저 별을 봐! 아주 특별한 별이야!"
"새로운 왕이 태어났다는 것을 알려 주는 별이군! 우리 그 왕을 찾아가서 경배하세!"

PPT3 (입체그림책 16쪽 동방박사)

동방박사들은 커다랗고 아름다운 특별한 별을 따라서 언덕과 계곡을 지나 걷고 또 걸었어요.

PPT4 (입체그림책 18쪽)

마침내 박사들은 베들레헴에 도착했어요.
"왕이 어디 계신가요?" 새로운 왕이 태어나신 것을 사람들은 모르고 있었어요.
"저기를 봐! 별이 저 집 위에서 환하게 빛나고 있어!"
"왕이 여기 계신가요?"

PPT5 (입체그림책 18쪽 아기 예수님), '멋진 선물'♪(찬양 팀)
매~, 매~! 양들이 있고 꼬꼬 닭이 살고 있는 마구간에서 새 왕이 태어나셨어요.
"우리 새 왕께 경배하세!"

PPT6 (입체그림책 18쪽)
동방박사는 아기 예수님께 절했어요.
그리고 새로운 왕! 아기 예수님께 멋진 선물을 드렸어요.
동방박사들은 만나는 사람마다 새로운 왕, 아기 예수님이 이 땅에 태어나신 소식을 전했어요!
"우리는 온 세상을 다스릴 왕으로 오신 예수님을 만났어요! 예수님은 우리를 구원하러 오셨어요!"

동방박사들처럼 우리 친구들도 예수님께 멋진 선물을 드려요.

마리아 요셉 등장하여 아기를 안고 자리를 잡으면 다 함께 '멋진 선물'♪ 찬양을 하며 앞으로 나와 예수님께 선물을 드립니다.

방긋방긋 나눔 예배

인사 나누기

선생님은 '메리 크리스마스' 하며 아이들에게 인사합니다. 엄마와 아이가 서로 마주 앉아 '메리메리 크리스마스'♪ 찬양합니다.

메리메리(물레 돌리기) 크리스마스(손바닥 마주치기)
메리메리 크리스마스 메리메리메리 크리스마스 ♪

말씀 나누기 : <예꿈 입체 그림책> 4-11과 읽기

부모님이 <예꿈 입체그림책> 4-11과 '동방박사와 아기 예수님' 이야기를 읽어 줍니다. 그림에서 제일 큰 별을 찾고 그 별을 움직여 봅니다. 창문을 통해 마구간을 들여다보며 아기 왕 예수님을 찾습니다. 예수님을 만난 기쁨을 활기찬 목소리로 전해 주세요.

"와! 아기 예수님이다!"

활동 나누기 : 예수님의 생일 파티(대그룹)

···➤ 생일 케이크, 아기 예수님 인형, 천사 

천사로 분장한 선생님을 따라 아이들이 성탄절 찬양을 부르며 행진하여 큰 원을 만듭니다. 아이들을 원 대형으로 앉히고 생일 케이크를 중앙에 놓고 아기 예수님의 탄생을 축하하는 파티를 합니다.

왕으로 태어나신 아기 예수님, 축하해요!
우리를 위해 이 땅에 오신 예수님! 사랑해요.

케이크 촛불 끄는 것은 정말 재미있어요. 케이크에 촛불이 켜지면 금방 달려가서 내가 끄고 싶어져요. 그런데 선생님이 내 손에 작은 컵케익을 주셔서 '후~' 하고 불을 껐어요.

간식 나누기

손을 닦고 식탁보를 깐 뒤, 간식을 준비합니다. 간식 기도를 하고 간식을 나누어 먹습니다. 간식을 먹는 동안 부모님은 오늘 영아부 예배의 은혜와 일주일간 아이들과 함께했던 생활 예배의 이야기를 나눕니다.

축복 기도 예수님이 오신 소식을 전하는 복된 자녀가 되도록 축복 기도합니다

반짝반짝 생활 예배

예수님 별은 어디 있을까?

밤하늘에 빛나는 별을 보며 예수님을 생각해요.

별을 찾아보자.
엄마 별은 어디 있지? 아빠 별은 어디 있지?
우리 ○○이 별은 어디 있지?

예수님 별은 제일 큰 별, 예수님 별 찾아보자.
저 별이 예수님 별!
예수님을 세상에 알려 주는
밝고 환한 예수님 별!

⇨ 예쁘게 색칠하고 선대로 접었다 펴며 선물을 열어 보세요.

12과 시므온, 안나와 아기 예수님

본문 | 누가복음 2:21-38 **· 포인트 |** 예수님은 약속하신대로 우리의 구세주로 오셨어요.
암송 | 오늘날 다윗의 동네에 너희를 위하여 구주가 나셨으니 곧 그리스도 주시니라. 누가복음 2:11

말씀 길잡이

마리아는 좋은 소식을 듣고 하나님의 아들을 낳게 될 것이라는 것을 알았습니다. 양치기들도 좋은 소식을 듣고 주 예수 그리스도가 허름한 마구간에서 태어나셨다는 것을 알게 되었습니다. 성전에 있던 두 명의 노인은 좋은 소식을 듣고 구세주 메시아에 대한 위대한 약속이 이루어졌다는 것을 알게 됩니다.

이스라엘에는 오랫동안 성스러운 약속이 전해지고 있었습니다. 하나님께서 '여자의 후손이 뱀의 머리를 짓밟을 것'(창 3:15)이라고 말씀하셨습니다. 그 약속은 아브라함에게 이어져 '그의 자손을 통해 온 세상이 복을 받게 될 것'(창 12:2-3)이라고 하셨습니다. 그 다음 하나님께서 다윗에게 '네 위가 영원히 견고하리라'고 약속하셨습니다. 그리고 선지자들은 '이스라엘이 여호와로 인해 영원한 구원을 얻을 것'(사 45:17)이며 '위대한 통치자이자 심판관이 성전으로 올 것'(미 5:2, 말 3:1)이라고 예언합니다. 대부분의 유대인들이 이 약속을 믿었지만 그것이 그들의 삶에서 큰 역할을 하지는 않았습니다. 하지만 약속된 구세주와 왕의 재림을 고대하며 진정으로 기도하는 사람도 있었습니다. 시므온과 안나가 바로 그런 사람입니다.

남자 아이가 태어나면 유대 법에 따라 세 가지 의식을 치러야 합니다. 태어난 지 팔 일째 되는 날 할례를 받고 이름을 얻습니다. 장남은 한 달이 될 때 또 의식을 치러야 합니다. 하나님의 천사가 이집트의 모든 맏아들을 죽일 때 유대인이 낳은 아들은 살려 주셨음을 기념하는 의식입니다(출 13:2,12,15). 그리고 산모는 40일 째 되는 날 또 다른 의식을 통해 깨끗하다고 인정받게 됩니다(레 12:2-8).

누가복음에 따르면 요셉과 마리아는 성전에 갔는데, 분명 두 번째와 세 번째 의식을 치르기 위해서였던 것 같습니다. 가난했던 두 사람은 양과 비둘기를 제물로 바치는 대신 비둘기 한 쌍을 제물로 드렸습니다. 이것을 볼 때 우리는 요셉과 마리아가 신앙심이 깊고 율법을 잘 지키는 유대인이었다는 사실을 알 수 있습니다. 시므온은 성령의 감동으로 하나님을 찬양하며 이 아이가 이스라엘의 구원자이자 영광이 될 것이라고 선포합니다. 그가 예수 그리스도에 대해 '이방을 비추는 빛'이라고 표현한 것을 눈여겨보기 원합니다. 그가 이사야의 말(사 42:6)을 되풀이하고 있음을 알 수 있을 것입니다. 예수님의 사역이 이스라엘을 훨씬 넘어설 것이라는 것을 알 수 있습니다.

어린이들은 약속이 무엇인지 그리고 그것이 이루어지지 않을 때 얼마나 가슴이 아픈지에 대해 잘 알고 있을 것입니다. 어린이들은 하나님께서 언제나 약속을 지키신다는 사실을 알고 확신을 가져야 합니다. 만약 그렇지 않다면 우리가 회개할 때 하나님께서 우리 죄를 용서하시고 우리를 하나님의 자녀로 삼아 보호하시며, 어떠한 삶의 어려움과 위험 속에서도 나와 항상 함께 계실 것이라는 위대한 약속을 어떻게 믿을 수 있겠습니까? 하나님께서는 어떠한 상황에서도 약속을 지키시는 분입니다.

[대림절–성탄 음악을 틀어 놓습니다]

블록 놀이

아기 예수님 집 만들기

··· 여러 가지 다양한 블록, 사람 모형 블록

여러 가지 다양한 블록을 이용하여 크리스마스트리 옆에 장식할 수 있는 아기 예수님 집을 만듭니다.

아기 예수님은 어디에서 태어났을까요?
○○이가 예수님의 집을 만들었구나!

소꿉놀이

생일 파티 놀이 ··· 생일 축하하는 파티 용품

생일 축하 모자, 파티 용품을 준비하여 생일 축하 노래를 부르며 아기 예수님의 탄생을 축하합니다. 촛불을 끄는 흉내 내며 아기 예수님의 탄생을 축하하는 놀이를 합니다.

예수님의 생일을 축하해요!

책 놀이

··· 어린이용 그림 성경책, 커다란 성인용 성경책, 시므온, 안나와 아기 예수님에 대한 성경 이야기 등

시므온과 안나가 아기 예수님을 만나는 장면을 역할극처럼 표현하며 약속을 지키시는 예수님의 사랑을 느껴 봅니다.

예수님은 ○○를 위해 이 세상에 오셨어요!

미술 놀이

약속 달력 만들기 ··· 4–12과 활동지, 스티커

4–12과 활동지를 스티커로 액자처럼 꾸며 완성합니다.

매일매일 기도하기, 말씀 읽기 등을 하면서 예수님을 만나는 약속 달력을 소개합니다. 완성된 활동지에 있는 예수님과 마주 잡은 손에 손도장을 찍으며 약속합니다.

드라마

> **준비물** : 아기 예수님 인형, PPT(입체그림책 4–12과 그림 활용)
> **등장인물** : 시므온, 안나, 천사, 마리아, 요셉, 성도

성도 : 안나 할머니! 시므온 할아버지! 안녕하세요? 추운데 이렇게 일찍 교회에 오셨어요? 오늘도 하나님이 약속하신 왕을 기다리고 계세요? 언제 오실지도 모르는데요? 정말 만날 수 있다고 믿으세요?

안나 : 네, 난 분명히 하나님께서 보내 주신다는 우리의 왕을 만날 수 있을 거라고 믿어요!

시므온: 나도 하나님이 약속을 지키시는 분이라고 믿는답니다.

PPT – 아기 시므온, 아기 안나

시므온 : 내가 아기였을 때 엄마가 항상 말씀하셨죠! 하나님은 약속을 꼭 지키시는 분이라고요!

안나 : 우리 엄마도 그러셨죠! 하나님은 약속을 꼭 지키시는 분이라고요!

PPT – 어린이 시므온, 어린이 안나

안나 : 우리 친구들처럼 어린아이였을 때 나는 약속의 하나님을 찬양했죠!

시므온 : 네, 그래요! 나도 온몸으로 약속의 하나님을 찬양했어요.

PPT – 오빠 시므온, 언니 안나

안나 : 커서 언니가 되었을 때도 언제나 내 기도를 들으시는 약속의 하나님을 믿으며 기도했어요!

시므온 : 나도 날마다 기도하고 또 기도했었지, 약속의 하나님을 믿으며 말이에요.

PPT – 아빠 시므온, 엄마 안나

안나 : 엄마가 되었을 때도 우리를 위해 왕을 보내 주신다

는 약속의 말씀을 언제나 믿었어요.

시므온 : 아빠가 되었을 때도 하나님의 약속의 말씀을 읽
고 또 읽었어요.

PPT – 할아버지 시므온, 할머니 안나

안나 : 그래서 지금도 난 기다리는 것이 즐겁고 행복해요.

시므온 : 춥고 바람이 불어도 날마다 교회에 오고 또 기다
리고 있어요. 하나님께서 우리에게 약속하신 우
리의 왕을 눈으로 보기 위해서지요.

사람: 그러세요! 그럼 두 분은 계속 기다리세요. 전 먼저
가겠습니다.

('기쁘다 구주 오셨네'♬ 반주에 맞춰 아기 예수를 안고 마리
아와 요셉이 나온다. 천사가 주변에 둘러서서 춤을 춘다)

안나 : 아니! 저기, 저기 오시는 아기가 바로 우리가 기다
리던 약속의 왕이에요?

시므온 : 맞아요! 하나님께서 우리에게 약속하신 우리의
왕이세요.

안나 : 하나님, 감사합니다. 우리의 왕을 이렇게 만날 수
있게 해 주셔서요.

시므온 : 하나님, 약속을 지켜 주셔서 감사합니다.

(천사와 함께 찬양 '기쁘다 구주 오셨네'♬])

인사 나누기

선생님은 '메리 크리스마스' 하며 아이들에게 인사합
니다. 친구와도 짝이 되고 다른 엄마와도 짝이 되어 '메리메
리 크리스마스' 손유희를 하며 인사합니다.

메리메리(물레 돌리기) 크리스마스(손뼉 마주치기)
메리메리 크리스마스 메리메리메리 크리스마스♬

말씀 나누기 : 〈예꿈 입체 그림책〉 4-12과 읽기

부모님이 아이와 함께 〈예꿈 입체그림책〉 4-12과 '시므온, 안
나와 아기 예수님' 이야기 속의 작은 일기장을 함께 봅니다. 어
린 시므온과 안나가 할머니 할아버지가 될 때까지 하나님의
약속을 붙들고 오랫동안 예수님을 기다렸음을 이야기합니다.
하나님의 약속대로 예수님을 만났을 때의 환희를 마음껏 표현
하면서 읽어 주세요.

활동 나누기 : 예수님을 만나요(대그룹)

예수님으로 분장한 선생님이 앞에 앉아서 아이들을 기다립니
다. 월요일부터 주일까지 요일 이름을 쓴 시트지를 바닥에 붙
여 징검다리로 만들어 줍니다. 아이들은 징검다리를 건너며
예수님 앞으로 가서 손도장을 찍으며 약속합니다.

"나는 매일매일 예수님을 만날 거예요!"

간식 나누기

간식 기도를 하고 간식을 나누어 먹습니다.

축복 기도

약속을 지키시는 하나님이 ○○이의 하나님임을 감사하며
축복 기도합니다.

하나님의 약속을 아이에게 들려주세요!

"엄마와 한 약속 또 어겼어?"
아이에게 약속을 지키라고 닦달하기보다 약속을 지키시
는 하나님을 전해 주세요.

"오늘도 해가 떴네. 하나님은 약속을 꼭 지키시는 분이
야." (민 23:19)
"걱정하지 말자. 하나님이 도와주실 거야." (사 41:10)
"○○아, 예수님이 언제나 ○○이와 함께하신다고 약속
하셨어." (마 28:20)
"예수님이 용서하신다고 약속하셨어." (느 9:17)
"○○이는 하나님의 아들이라고 약속하셨어." (요1:12)
"하나님께 기도하자. 우리 기도를 듣고 계셔." (요14:13)
"우리를 끝까지 사랑하신대." (요13:1)

성경 속에 가득한 하나님의 약속을 아이들의 언어로 이
야기해 주세요.

나는 예수님과 매일 만날거예요~
월
기도하여 만날래요
화
말씀 보며 만날래요
수
사랑하여 만날래요
목
찬양하여 만날래요
금
생활 예배 하여 만날래요
일
주일 예배 하여 만날래요
토
도와주여 만날래요

활동을 한 후 ○에 색칠하세요.

생활 예배 활동하고 찬양했어요. (빨강)
예꿈 입체그림책을 읽고 기도했어요. (노랑)
가정 예배 드렸어요. (파랑)

3-1과 아침과 밤에 드리는 기도

하루를 시작할 때와 잠자리에 들 때,
하나님의 사랑과 보호하심에 감사드리세요.
아이를 안아 주고 뽀뽀하면서 하나님의 사랑을 전해 주세요.
하나님, ○○이 일어났어요.
오늘도 ○○에게 좋은 하루를 주셔서 감사해요.
주님 사랑 안에서 재미있고 행복한 하루를 보낼 거예요.
하나님, 사랑해요. 예수님 이름으로 기도합니다. 아멘.
하나님, 이제 밤이 되어 ○○이가 잠을 자요.
하나님 사랑 안에서 ○○이가 참 재미있게 지냈어요.
오늘도 안전하게 지켜 주셔서 감사해요.
잠잘 때도, 꿈속에서도 하나님이 함께해 주세요.
사랑해요. 예수님 이름으로 기도합니다. 아멘.

3-2과 키 큰 나무, 예쁜 꽃 감사 예배

집 안에서나 바깥나들이를 할 때
식물을 관찰해 보세요.
"이거 뭐야?"라며 아이가 물을 때, 다시 질문해 주세요.
"수박이야. 수박은 누가 만드셨을까?"
또 함께 감탄해 주세요.
"하나님~ 하나님이 멋지게 만드셨다!"
나무와 예쁜 꽃, 맛있는 과일과 채소,
하나님이 만드신 식물들을 하나하나
알아 가며 하나님께 기쁨으로 감사해요.

3-3과 멍멍아, 야옹아 안녕!

공원이나 동물원을 산책하며 동물을
관찰해 보세요. 동물들이 창조주 하나님을
어떻게 찬양하는지 관심을 가지고 살펴보세요.
어슬렁거리며, 담장을 뛰어오르며, 날갯짓으로
찬양하는 모습을 보며 이야기를 나눠 보세요.

"예쁜 강아지는 누가 만드셨을까?"
"와~ 하나님, 정말 예쁘고 귀엽게 만드셨네!"
동물과 물고기와 새들을 볼 때마다
하나님을 기억하고, 아이와 함께 하나님의
놀라운 솜씨를 찬양하세요.

3-4과 엄마 아빠의 사랑 이야기

아이들은 공주님과 왕자님 같은 엄마 아빠의
결혼식 사진이나 DVD를 무척 좋아하지요.
외로운 아담에게 하와를 주셨듯이
하나님이 엄마와 아빠를 어떻게 만나게 하셨는지
엄마, 아빠의 사랑 이야기를 들려주세요.
사진 속의 할머니와 할아버지, 가족들을 찾아보며
가족을 주신 하나님께 대한 감사의 마음을 나누세요.
갓난아기 때의 사진도 찾아보면서
우리를 멋지게 만드신 하나님께
감사하는 마음을 표현해 보세요.
"하나님이 지으신 그 모든 것을 보시니
보시기에 심~~히 좋았더라"(창1:31).

3-5과 물 위를 둥둥~ 성령님 구명조끼

물놀이할 때 성령님을 소개해 주세요.
구명조끼나 튜브가 있으면 물에서도 안전하고,
물안경을 끼면 눈도 보호되는 것처럼,
이 세상의 파도가 무섭게 느껴질 때,
성령님 구명조끼를 입고 성령님 튜브를 타고,
성령님 물안경을 쓰면 무섭지 않다고 이야기해 주세요.
"예꿈아, 이 구명조끼는 성령님 닮았나 봐!
우리를 꼭 안아 주고 우리를 지켜 주니까."

3-6과 아이의 얼굴, 엄마의 얼굴

아이들이 놀이하는 모습을 가만히 지켜보세요.
의사 놀이, 부부 놀이, 시장 놀이…
"자, 입 벌려 보세요.", "열이 많이 나는군요!",
"싫어도 약을 먹어야 해요.", "여보, 왜 그래?",
"자꾸 이러기야?", "혼 좀 나 볼래?", "이거 얼마예요?",
"깎아 주세요.", "자매님, 커피 드세요.", "힘내세요.",
"축복해요!", "자, 전도사님이 성경 이야기를 들려줄게요."
아이들의 놀이에는 어른들의 모습이
고스란히 담겨 있습니다. 우리 가정이 하나님의 가정,
성령 충만한 가정이 되게 해 달라고 기도하세요.
엄마의 얼굴이 달라지면
아이의 얼굴이 달라지니까요.

◯월 생활 예배

활동을 한 후 ◯에 색칠하세요

생활 예배 활동하고 찬양했어요. (빨강)
예꿈 입체그림책을 읽고 기도했어요. (노랑)
가정 예배 드렸어요. (파랑)

3-7과 돕는 기도를 아이와 함께해요

아프거나 도움이 필요한 사람들을 위해 기도해 보세요.
"하나님, 우리 할머니 감기 빨리 낫게 해 주세요.
우리 할머니를 건강하게 해 주세요.
예수님 이름으로 기도합니다. 아멘."
도움이 필요한 사람을 만나게 될 때,
아이와 함께 기도해 보세요.
기도 제목이 기억나도록 사진이나 그림을
이용하면 더 좋아요. 기도는 사람들을 돕는
훌륭한 출발점이 됩니다.

3-8과 사랑을 나누는 일을 함께해요

도움이 필요한 사람들을 위해 아이와 함께 기도하다가
멋진 생각이 떠오른다면 지체하지 말고 실천해 보세요.
1. 감기로 고생하시는 할머니께 안부 전화하기
2. 할아버지께 사랑의 카드 보내기
3. 가난한 나라 아이들을 위해 저금하기
4. 갓 태어난 동생 때문에 힘들어하는 친구 초대하기
성령님이 주시는 아이디어를 따라
아이와 함께 사랑을 나누어 보세요.

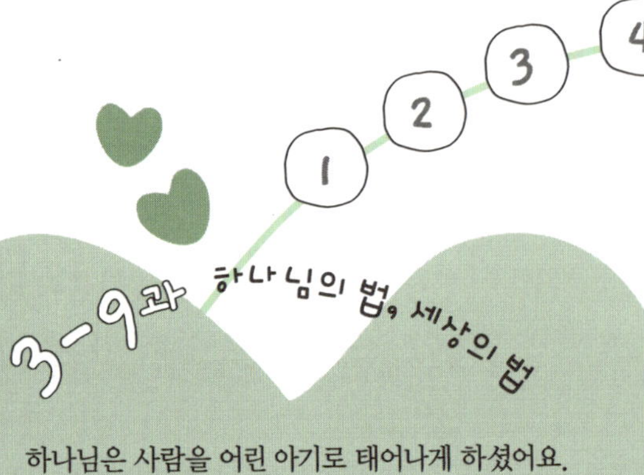

3-9과 하나님의 법, 세상의 법

하나님은 사람을 어린 아기로 태어나게 하셨어요.
하나님은 한 아이를 위해 무조건적인 사랑을 가진 부모와
충분히 탐구할 수 있는 뛰어난 감각기관과
호기심을 충족시킬 수 있는 다양한 환경을 주셨어요.
아이는 사랑 속에서 하나님이 심어 주신 성장의 법칙에
순종합니다. 그러나 세상은 사람들에게 경쟁에서
이겨야한다며 몰아치기도 합니다.
아이의 성공을 위한다는
세상의 법에 순종해야 할까요?
하나님의 사랑의 법에
순종해야 할까요?

3-10과 짝짝짝 쿵쿵쿵~ 하나님이 다스려요

다니엘의 이야기를 읽고 하나님을 찬양해 보세요.
생활 속의 리듬악기를 찾아보세요.
플라스틱 통과 나무젓가락으로 북을,
숟가락 두 개로 리듬 막대를,
작은 통에 쌀을 담아 마라카스를,
다양한 악기와 소리로 하나님을 찬양해요.

하나님이 다스려요! (짝짝짝 쿵쿵쿵)
하나님이 함께해요! (챙챙챙 챙챙)
하나님은 왕이에요! (짝짝짝 쿵쿵쿵)
나도 순종할래요! (챙챙챙 챙챙)

생활 예배

활동을 한 후 ○에 색칠하세요.

생활 예배 활동하고 찬양했어요. (빨강)
예꿈 입체그림책을 읽고 기도했어요. (노랑)
가정 예배 드렸어요. (파랑)

3-11과 아이와 함께 만드는 동화

예꿈아, 어두워지려고 해. 해님에게 물어보자.
"해님아, 해님아, 어디로 가니?"
"하나님이 집에 가라고 하셔서 집으로 가는 거야."
예꿈아, 더운 여름이 사라졌네! 여름에게 물어보자.
"여름아, 여름아, 어디로 갔니?"
"하나님이 가라고 하셔서 집으로 갔지!"
나뭇잎은 왜 노랗게 변하는지, 왜 떨어지는지,
개미들은 한 줄로 서서 어디를 가는지,
엄마는 왜 예꿈이를 사랑하는지?

하나님이 온 세상에게 어떻게 명령하시고
다스리시는지 아이와 함께 동화를
만들며 이야기해 보세요.

3-12과 하나님, 어떻게 할까요?

다니엘과 같은 믿음의 자녀가 되기를 바라시나요?
주님과 함께 자녀를 키우세요.
주님은 수많은 믿음의 자녀를 키워 내신 분이니까요.
하나님, ○○이가 떼를 부려요. 어떻게 할까요?
믿음을 전해 주고 싶은데 어떻게 할까요?
기도를 가르쳐 주고 싶은데 어떻게 할까요?
놀이터에 가자고 고집을 부리는데 어떻게 할까요?
공부를 가르쳐야겠는데 어떻게 할까요?

주님이 이끄시는 방법으로
평안과 확신을 가지고
자녀를 양육하세요.

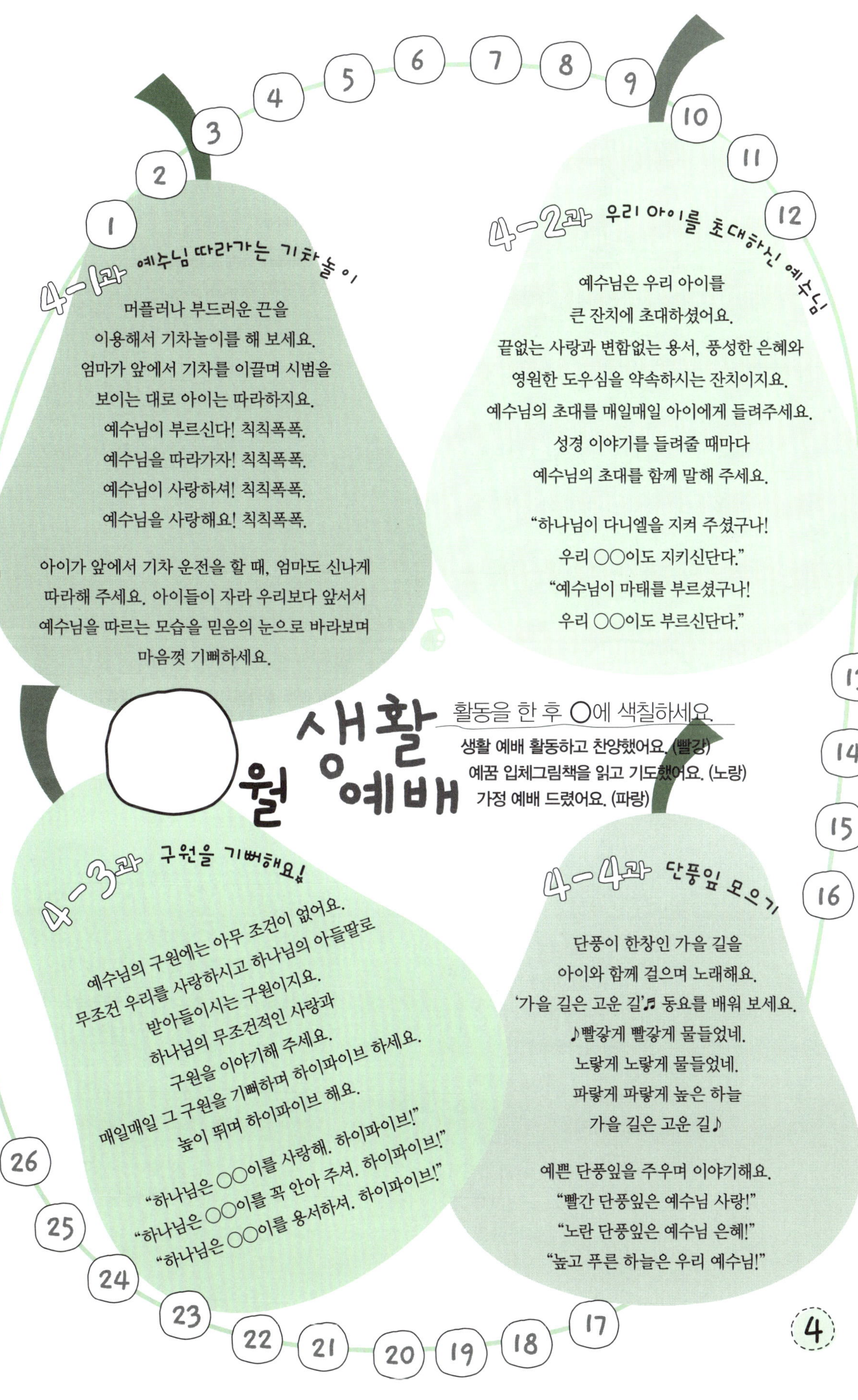
4-1과 예수님 따라가는 기차놀이

머플러나 부드러운 끈을
이용해서 기차놀이를 해 보세요.
엄마가 앞에서 기차를 이끌며 시범을
보이는 대로 아이는 따라하지요.
예수님이 부르신다! 칙칙폭폭.
예수님을 따라가자! 칙칙폭폭.
예수님이 사랑하셔! 칙칙폭폭.
예수님을 사랑해요! 칙칙폭폭.

아이가 앞에서 기차 운전을 할 때, 엄마도 신나게
따라해 주세요. 아이들이 자라 우리보다 앞서서
예수님을 따르는 모습을 믿음의 눈으로 바라보며
마음껏 기뻐하세요.

4-2과 우리 아이를 초대하신 예수님

예수님은 우리 아이를
큰 잔치에 초대하셨어요.
끝없는 사랑과 변함없는 용서, 풍성한 은혜와
영원한 도우심을 약속하시는 잔치이지요.
예수님의 초대를 매일매일 아이에게 들려주세요.
성경 이야기를 들려줄 때마다
예수님의 초대를 함께 말해 주세요.

"하나님이 다니엘을 지켜 주셨구나!
우리 ○○이도 지키신단다."
"예수님이 마태를 부르셨구나!
우리 ○○이도 부르신단다."

○월 생활 예배
활동을 한 후 ○에 색칠하세요.
생활 예배 활동하고 찬양했어요. (빨강)
예꿈 입체그림책을 읽고 기도했어요. (노랑)
가정 예배 드렸어요. (파랑)

4-3과 구원을 기뻐해요!

예수님의 구원에는 아무 조건이 없어요.
무조건 우리를 사랑하시고 하나님의 아들딸로
받아들이시는 구원이지요.
하나님의 무조건적인 사랑과
구원을 이야기해 주세요.
매일매일 그 구원을 기뻐하며 하이파이브 하세요.
높이 뛰며 하이파이브 해요.

"하나님은 ○○이를 사랑해. 하이파이브!"
"하나님은 ○○이를 꼭 안아 주셔. 하이파이브!"
"하나님은 ○○이를 용서하셔. 하이파이브!"

4-4과 단풍잎 모으기

단풍이 한창인 가을 길을
아이와 함께 걸으며 노래해요.
'가을 길은 고운 길'♬ 동요를 배워 보세요.
♪빨갛게 빨갛게 물들었네.
노랗게 노랗게 물들었네.
파랗게 파랗게 높은 하늘
가을 길은 고운 길♪

예쁜 단풍잎을 주우며 이야기해요.
"빨간 단풍잎은 예수님 사랑!"
"노란 단풍잎은 예수님 은혜!"
"높고 푸른 하늘은 우리 예수님!"

① ② ③ ④ ⑤ ⑥ ⑦ ⑧

4-5과 비행기 놀이

이불을 펴 놓고 비행기 놀이를 해 보세요.
엄마는 누워서 비행기가 되고
아이는 엄마 발 위에서 슝슝~
기우뚱기우뚱 중심이 안 잡혀도
아이는 엄마만 믿고 두 팔을 쫙 펼쳐요.
엄마는 요리조리 중심을 잡아가며
안전하게 착륙시키지요.

눈을 감고 외쳐 보세요.
"와! 예수님 비행기다."
강한 팔로 안전하게 붙잡아 주시는
예수님 비행기를 타고 날아 보세요.

4-6과 예수님 사랑해요

기도는 예수님을 사랑하는 표현이에요.
우리가 잘못해도 언제나 사랑해 주시는 예수님!
우리를 언제나 기다려 주시는 예수님!
예수님께 사랑을 고백해 보세요.

"언제나 나를 사랑하시는 예수님, 사랑해요!"
"나를 기뻐하시는 예수님, 사랑해요!"
"우리에게 오신 예수님, 정말 사랑해요!"

○월 생활예배

활동을 한 후 ○에 색칠하세요.

생활 예배 활동하고 찬양했어요. (빨강)
예꿈 입체그림책을 읽고 기도했어요. (노랑)
가정 예배 드렸어요. (파랑)

4-7과 예수님의 용서를 알아가요

아이를 혼냈을 때 꼭 안아 주세요.
같은 잘못도 자꾸자꾸 용서해 주세요.
"저리가!", "한 번만 더 그러면~!"
이런 거절하는 말은 너무 슬퍼요.

엄마의 '미소' 때문에
예수님의 마음을 알아 갑니다.
엄마의 '사랑' 때문에
예수님의 사랑을 알아 갑니다.
엄마의 '용서' 때문에
예수님의 용서를 알아 갑니다.

4-8과 예수님께 이야기해요

나를 보고 계시는 예수님께 이야기해요.
내 목소리를 듣고 계시는 예수님께 이야기해요.
"예수님, 단풍이 너무 예뻐요. 감사해요."
"예수님, 감기에 걸렸어요. 낫게 해 주세요."
"예수님, 따뜻하고 예쁜 옷이 필요해요."
"예수님, 북한 아이들을 도와주세요."

아이와 함께하는 기도,
예수님이 기뻐하실 거예요.

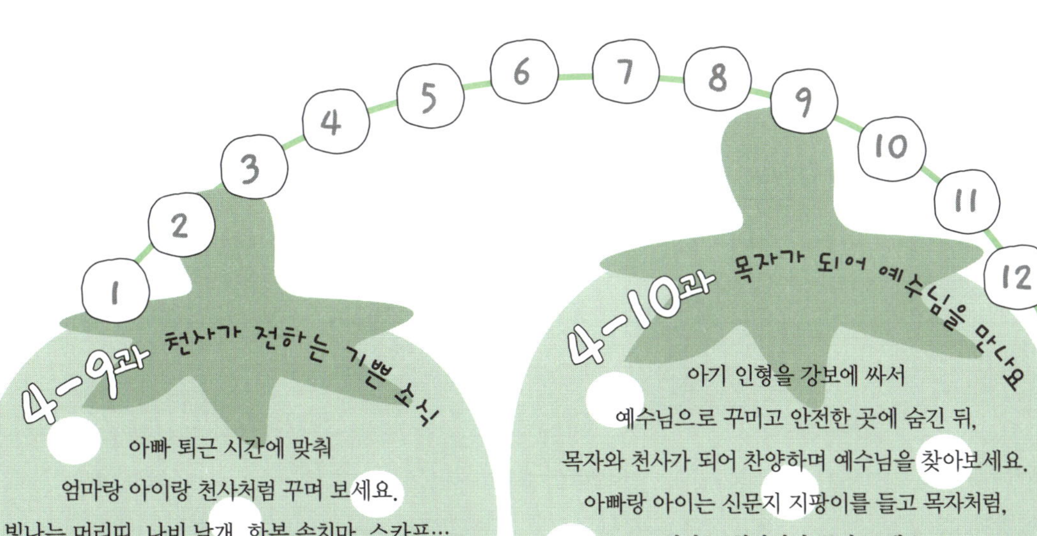

4-9과 천사가 전하는 기쁜 소식!

아빠 퇴근 시간에 맞춰
엄마랑 아이랑 천사처럼 꾸며 보세요.
빛나는 머리띠, 나비 날개, 한복 속치마, 스카프….
천사처럼 행동하며 아빠에게
예수님의 기쁜 소식을 전해 주세요.

"예수님이 아빠를 위해 오셨어요."
"예수님은 아빠를 사랑해요."

4-10과 목자가 되어 예수님을 만나요

아기 인형을 강보에 싸서
예수님으로 꾸미고 안전한 곳에 숨긴 뒤,
목자와 천사가 되어 찬양하며 예수님을 찾아보세요.
아빠랑 아이는 신문지 지팡이를 들고 목자처럼,
엄마는 천사처럼 꾸며 보세요.

'아기 예수 나신 날은 크리스마스 날이래요♬'
하늘에는 영광! 땅에는 평화!
아기 예수님께 우리 함께 가요.

와! 아기 예수님이다.

○월 생활 예배

활동을 한 후 ○에 색칠하세요.

생활 예배 활동하고 찬양했어요. (빨강)
예꿈 입체그림책을 읽고 기도했어요. (노랑)
가정 예배 드렸어요. (파랑)

4-11과 예수님 별은 어디 있을까요?

밤하늘에 빛나는 별을 보며 예수님을 생각해요.

별을 찾아보자.
엄마 별은 어디 있지? 아빠 별은 어디 있지?
우리 ○○이 별은 어디 있지?

예수님 별은 제일 큰 별, 예수님 별 찾아보자.
저 별이 예수님 별!
예수님을 세상에 알려 주는
밝고 환한 예수님 별!

4-12과 하나님의 약속!

"엄마와 한 약속 또 어겼어?"
아이에게 약속을 닦달하기보다 약속을
지키시는 하나님을 전해 주세요.

"오늘도 해가 떴네. 하나님은 약속을 꼭 지키시는 분이야." (민 23:19)
"걱정하지 말자. 겁내지 말자. 하나님이 도와주실 거야." (사 41:10)
"○○아, 예수님이 언제나 함께 계신다고 약속하셨어." (마 28:20)
"예수님이 우리 잘못을 용서하신다고 약속하셨어." (느 9:17)
"○○이는 하나님의 아들이라고 약속하셨어." (요 1:12)
"하나님께 기도하자. 우리 기도를 듣고 계셔." (요 14:13)
"우리를 끝까지 사랑하신대." (요 13:1)

성경 속에 가득한 하나님의 약속을
아이들의 언어로 이야기해 주세요.

영아부(1~3세)　　교사용(유아부 커리큘럼과 동일. 유아부 입체그림책과 연계 활용) 각 권 6개월분

유아부(3~5세)　　교사용 · 가정용(내가 만드는 입체그림책) · 교회학교용　　　　　　각 권 3개월분

사랑하는 하나님께 순종해요.
1. 노아는 하나님께 순종했어요
2. 나아만은 하나님께 순종했어요
3. 라합은 하나님께 순종했어요
4. 사람들의 순종으로 여리고성은 무너졌어요

하나님께서 돌보세요.
5. 룻을 돌보셨어요
6. 에스더를 돌보셨어요
7. 꿈꾸는 요셉을 돌보셨어요
8. 통치자 요셉을 돌보셨어요

예수님은 우리 왕이에요.
9. 아픈 소년을 돌보신 예수님
10. 야이로의 딸을 돌보신 예수님
11. 예수님은 우리 왕(종려주일)
12. 다시 사신 예수님(부활절)

예수님께서 고치셨어요.
1. 걷지 못하는 사람을 고치셨어요
2. 보지 못하는 사람을 고치셨어요
3. 아픈 여인을 고치셨어요
4. 열 명의 병자를 고치셨어요

예수님은 어린이를 사랑하세요.
5. 어린이들을 환영하시는 예수님
6. 부모님을 사랑하신 예수님
7. 선한 목자이신 예수님
8. 우리 모두를 사랑하시는 예수님

하나님께서 말씀하셔요.
9. 엘리야와 사르밧 아주머니
10. 갈멜산의 엘리야
11. 엘리사와 어린 소년
12. 엘리사와 군대

하나님 감사해요–창조
1. 낮과 밤을 주셔서 감사해요
2. 땅과 물 그리고 식물을 주셔서 감사해요
3. 물고기와 새와 동물들을 주셔서 감사해요
4. 우리를 만드셔서 감사해요

우리는 하나님의 가족이에요–성령
5. 하나님의 가족이 자라가요
6. 하나님 가족은 이렇게 살아요
7. 하나님의 일을 해요
8. 서로 돌보아주어요

하나님께서는 우리가 순종하기를 원하세요–다니엘
9. 다니엘과 순종한 친구들
10. 다니엘의 친구들과 불타는 불구덩이
11. 다니엘과 느부갓네살 왕
12. 다니엘과 사자 굴

예수님이 부르셨어요
1. 예수님은 베드로를 부르셨어요
2. 예수님은 마태를 부르셨어요
3. 예수님은 삭개오를 부르셨어요
4. 예수님은 바울을 부르셨어요

예수님은 나의 주님이에요
5. 베드로와 예수님
6. 예수님을 모른다고 한 베드로
7. 베드로를 사랑하신 예수님
8. 감옥에 갇힌 베드로

예수님은 아기로 오셨어요
9. 마리아와 아기 예수님
10. 목자들과 아기 예수님
11. 동방박사와 아기 예수님
12. 시므온, 안나와 아기 예수님

예수님은 우리 선생님이에요
1. 성전에 가신 예수님
2. 착한 사마리아 사람
3. 잃었던 아들
4. 마르다와 마리아

예수님은 놀라운 일을 하셨어요
5. 예수님이 물을 포도주로 만드셨어요
6. 예수님이 오천 명을 먹이셨어요
7. 예수님이 폭풍을 잔잔하게 하셨어요
8. 예수님이 나사로를 살리셨어요

예수님은 하나님 나라를 말씀하시고
완성하셨어요
9. 씨 뿌리는 농부 이야기
10. 지혜로운 건축자 이야기
11. 우리를 위해 고통당하신 예수님
12. 우리를 위해 다시 사신 예수님

예수님은 살아계셔요
1. 다시 사신 예수님을 만난 마리아
2. 다시 사신 예수님을 만난 도마
3. 하늘로 올라가신 예수님
4. 약속대로 오신 성령님

하나님, 사람들을 주셔서 감사해요
5. 나를 만들어 주신 하나님께 감사해요
6. 친구를 만들어 주신 하나님께 감사해요
7. 가족을 주신 하나님께 감사해요
8. 교회를 주신 하나님께 감사해요

하나님은 용서하세요
9. 하나님께서 아담과 하와를 용서하셨어요
10. 하나님께서 요나를 용서하셨어요
11. 하나님께서 니느웨를 용서하셨어요
12. 예수님은 용서를 가르치셨어요

하나님께서 꿈을 이루게 하세요
1. 요셉에게 꿈을 주셨어요
2. 어려움도 이기게 하셨어요
3. 요셉을 높여 주셨어요
4. 용서하고 화해하게 하셨어요

하나님께서 인도하세요
5. 모세를 건지셨어요
6. 모세를 부르셨어요
7. 홍해 바다를 건너게 하셨어요
8. 광야에서 돌보셨어요

하나님께서 사랑하시고 돌보세요
9. 다윗을 사랑하고 돌보셨어요
10. 다윗에게 기름 부으셨어요
11. 골리앗을 이기게 하셨어요
12. 다윗은 하나님을 신뢰했어요

예수님을 전해요
1. 베드로와 요한이 걷지 못하던 사람에게
　예수님을 전했어요
2. 빌립이 에티오피아 사람에게 예수님을
　전했어요
3. 바울이 감옥에서 예수님을 전했어요
4. 바울이 배에서 예수님을 전했어요

하나님께서는 약속을 지키세요
5. 아브라함과 사라에게 약속하셨어요
6. 아브라함과 사라에게 한 약속을 지키셨어요
7. 기드온에게 한 약속을 지키셨어요
8. 한나에게 한 약속을 지키셨어요

예수님은 우리의 구원자세요
9. 예수님을 기다려요(사가랴와 엘리사벳)
10. 예수님이 태어나셨어요(목자)
11. 예수님은 우리를 위해 오셨어요(동방박사)
12. 예수님을 만나요(시므온과 안나)

예꿈

유치부(5~7세)　　교사용 · 가정용 · 교회학교용　　　　각 권 3개월분

예수님에 대해 배워요

1. 어린이들이 예수님에 대해 알게 되었어요.
2. 성전에 있던 사람들이 예수님에 대해 알게 되었어요.
3. 베드로는 예수님에 대해 알게 되었어요.(1)
4. 베드로는 예수님에 대해 알게 되었어요.(2)
5. 잔치에 왔던 사람들은 예수님에 대해 알게 되었어요.
6. 걷지 못하는 사람이 예수님에 대해 알게 되었어요.
7. 어린 소녀가 예수님에 대해 알게 되었어요.
8. 마리아와 마르다가 예수님에 대해 알게 되었어요.
9. 나사로는 예수님에 대해 알게 되었어요.
10. 삭개오는 예수님에 대해 알게 되었어요.
11. 예수님이 들려주셨어요. - 아들이 아버지께 돌아왔어요.
12. 호산나! 왕이신 예수님을 찬양해요.(종려주일)
13. 예수님이 다시 살아나셨어요.(부활절)

하나님 지으신 멋진 세계

1. 하나님, 이 세상을 주셔서 감사해요
2. 하나님, 물을 주셔서 감사해요
3. 하나님, 씨앗과 식물을 주셔서 감사해요
4. 하나님, 음식을 주셔서 감사해요
5. 하나님, 동물을 주셔서 감사해요
6. 하나님, 곤충을 주셔서 감사해요
7. 하나님, 나를 창조해 주셔서 감사해요
8. 하나님, 제 몸을 주셔서 감사해요
9. 하나님, 제게 오감을 주셔서 감사해요
10. 하나님, 가족을 주셔서 감사해요
11. 하나님, 친구를 주셔서 감사해요
12. 하나님, 교회를 주셔서 감사해요
13. 하나님, 예수님을 보내 주셔서 감사해요

하나님은 위대하셔요

1. 홍해를 건넌 이스라엘 백성
2. 선한 양치기 다윗
3. 믿음으로 이긴 다윗
4. 하나님께 순종한 다윗
5. 엘리야를 보호하신 하나님
6. 엘리야의 기도에 응답하신 하나님
7. 엘리야의 승천
8. 엘리사와 어린 소년
9. 엘리사와 나아만
10. 엘리사와 군대
11. 기도하는 히스기야
12. 하나님 말씀을 전한 요나
13. 나라를 구한 에스더

예수님께 감사하고 찬양해요

1. 마태는 예수님을 따랐어요
2. 나인 성 사람들이 하나님을 찬양했어요
3. 한 나병환자가 예수님께 감사했어요
4. 바디매오가 하나님을 찬양했어요
5. 마리아는 예수님을 경배했어요
6. 걷지 못하는 사람이 하나님을 찬양했어요
7. 도르가의 친구들이 예수님을 믿어요
8. 베드로의 친구들이 예수님을 찬양했어요
9. 예수님을 전해요
10. 천사가 마리아에게 전해 준 소식(대강절1)
11. 시므온과 안나가 만난 아기 예수님(대강절2)
12. 천사와 목자들의 합창(대강절3)
13. 예수님께 경배한 동방박사들(대강절4)

나는 하나님께 속했어요

1. 아브라함과 사라
2. 이삭
3. 리브가
4. 야곱(장자 상속권)
5. 야곱(천국의 사다리)
6. 모세(바구니에 담긴 아기)
7. 모세(불타는 떨기 나무)
8. 이스라엘 백성(출애굽)
9. 이스라엘 백성(만나)
10. 이스라엘 백성(십계명1)
11. 이스라엘 백성(십계명2)
12. 룻(선택)
13. 룻(축복)

하나님이 나를 돌보심을 알아요

1. 많은 사람들이 예수님을 경배했어요(종려주일)
2. 예수님은 살아계셔요(부활주일)
3. 많은 사람들을 먹이셨어요
4. 폭풍을 잠재우셨어요
5. 아이들을 축복하셨어요(어린이 주일)
6. 병든 아이를 고쳐주셨어요(어버이 주일)
7. 어린 양을 돌보셨어요(스승의 주일)
8. 세상을 창조하셨어요(낮과 밤)
9. 세상을 창조하셨어요(땅과 물)
10. 세상을 창조하셨어요(물고기, 새, 동물)
11. 세상을 창조하셨어요(사람들)
12. 하나님이 민드신 세상을 돌보아요
13. 아담과 하와가 불순종했어요

하나님을 사랑하고 순종할래요

1. 노아는 하나님께 순종했어요.
2. 하나님이 노아를 구하셨어요.
3. 라합은 하나님을 믿었어요.
4. 하나님께서 여리고 성을 주셨어요.
5. 기드온은 하나님께 순종했어요.
6. 엘리야는 하나님께 기도했어요.
7. 하나님은 나아만을 치료하셨어요.
8. 요나는 하나님께 불순종했어요.
9. 하나님은 요나를 용서하셨어요.
10. 세 친구들은 하나님께 순종했어요.
11. 다니엘은 하나님께 순종했어요.
12. 반석위에 세운 집
13. 신한 사마리아 사람

하나님을 신뢰해요

1. 예수님은 바울을 변화시키셨어요.
2. 예수님은 바울을 안전하게 지키셨어요.
3. 예수님이 바울을 파송하셨어요.
4. 예수님은 우리를 안전하게 지키셨어요.
5. 씨뿌리는 비유
6. 한 나님은 요셉을 돌보셨어요.
7. 요셉은 하나님을 신뢰했어요.
8. 한나는 하나님께 기도했어요.
9. 사무엘은 하나님 말씀을 들었어요.
10. 사가랴와 엘리사벳(세례요한)
11. 마리아는 예수님에 대해 알게 되었어요.
12. 양치기들이 예수님에 대해 알게 되었어요.
13. 동방박사들이 예수님에 대해 알게 되었어요.

예꿈3·4 영아부 교사용

편집장 | 김정순
기획 및 편집 | 조혜나, 한인숙
연구위원 | (가나다순) 김윤미, 박길나, 이은연, 이은정, 이향순, 표순옥, 홍선아
디자인 | 김동광, 김은정
표지소품 진행 | 박민정
사진 | 정화영

초판발행 | 2012. 3. 6.
3쇄 발행 | 2022. 6. 3
등록번호 | 제3-203호
등록처 | 서울시 용산구 서빙고동 95번지
발행처 | 사단법인 두란노서원
영업부 | 2078-3333 FAX 080-749-3705
출판부 | 2078-3437

ISBN 978-89-531-1721-1 (04230)

책값은 뒤표지에 있습니다.

독자의 의견을 기다립니다. http://www.duranno.com/books

※이 책은 CRC(Christian Reformed Church, 미국개혁교회)publications의 「Walk with me」를 바탕으로 두란노 예꿈 교재 연구팀이 한국 실정에 맞게 개발한 도서입니다. 저작권법에 의하여 보호를 받는 저작물이므로 무단 전재와 무단 복제를 금합니다.